超人手不足時代がやってきた！

小さな会社の働き方改革・どうすればいいのか

三村正夫 著

セルバ出版

はじめに

本書を手にしていただき深く感謝申し上げます。この度は増刷となり、深く感謝申し上げます。

現在、私は、石川県の金沢の駅前で社会保険労務士・行政書士の事務所を開業しております。平成13年に開業して22年目になりました。顧問先はほとんどが中小零細企業です。

最近、聞かれることは、大手ゼネコンに従業員を応援に行かせたら、その会社に引き抜かれてしまったなど、求人が過熱してきていると実感しています。車関係では、整備士が引き抜かれたとか、入社した社員がすぐに転職してしまった、といった話が耳に入ってきます。

また、昨今のコロナ禍では、〝俺は働いてやっているんだ〟と言わんばかりの態度の従業員が最近は多くなってきているようです。

ご存じのように、働き方改革の関連法が２０１９年にスタートし5年目になりました。それと同時に人手不足の深刻さも報道されています。

現在、日本の総人口は減少してきています。国立社会保障・人口問題研究所の推計によれば、総人口は２０１５年の１億２７０９万人から、50年後の２０６５年には８８０８万人になってしまうとのことです。約3分の1の人口がいなくなってしまうのです。ということは、簡単に言えば、現在の労働人口も50年後には3分の２に減少してしまうと思われます。

そうなるとどうなるか、中小零細企業の従業員から人手不足が深刻化していくことは誰が考えても明らかです。ましてや働き方改革が法整備されたので、若い人の就職希望先は益々福利厚生がしっかりしている大手企業に集中していくことが予想されます。

もはや、中小零細企業において、新卒の求人や中途採用を募集していくことは、縁故とかでなければ大変難しい時代になっていくと思われます。

人口が増加しない、経済のボリュームが拡大していかない現在の日本において、これまでのように中小零細企業が人を雇い続けて経営していくこと自体がままならない厳しい時代に突入してきたと思います。

したがって、これからの中小零細企業は、フリーランス・個人経営・雇用ゼロなどを前提にした新しい経営ビジネスも考えていかなければ生き抜いていけない時代になっていくのではないかと思われます。

これまでの、求人対策をメインにした労務管理の本とは全く視点が異なってきますが、私なりに超人手不足の社会について考えてみました。

今後の経営のご参考にしていただけるものが1つでもあれば幸いです。

2023年9月

三村　正夫

超人手不足時代がやってきた！　―小さな会社の働き方改革・どうすればいいのか　目次

はじめに

第1章　求人難は益々悪化し、人手不足は加速していくばかり

1　働き方改革で10人未満の中小零細企業は人手不足必至！・10
2　新規事業を始めようとしても働いてくれる人がいない・15
3　主婦パートの雇用の拡大はできるか・20
4　定年再雇用者の雇用は拡大はできるか・24
5　外国人労働者の雇用の拡大はできるか・27
6　新卒の雇用の拡大はできるか・31
7　入社したら新車をプレゼントするなど際限のない採用戦争がやってくる・34

第2章　あなたの会社に人が入社しなくなったらどう対応するか

1　納期に間に合わず債務不履行による損害賠償も予測される・38
2　思い切って家族労働者を有効活用・44
3　ビジネスの縮小か外部委託か事業譲渡かの選択・46
4　今いる従業員が食べていける妥当な売上水準を考える・49

第3章　あなたの会社の従業員はあと何年間勤務できるか

1　定年から見る人材将来予想人数と雇用改善の有給休暇はどう付与すればよいか・54
2　限定正社員、短時間正社員導入やフレックスタイム制などの考え方は・62
3　両親の介護による介護離職者はどれくらいいるか・67
4　将来あなたの会社の従業員規模はどれくらいが適正か・69
5　派遣労働者でどこまで対応できるか・71
6　ＡＩ、業務委託でどこまで対応できるか・76
7　テレワーク、副業、兼業はどこまで活用できるか・82

第4章　雇用ゼロ、フリーランス（個人経営）の時代がやってくる⁉

1　雇用は知識集約型企業から資本集約型企業にシフトしていく・88
2　従来型の人・物・金の拡大経営は原則大手企業の戦略・93
3　大企業のような雇用条件の求人ができるか・102
4　大企業と中小企業の雇用対策の違い・108
5　労働基準法が適用にならない家族労働者・111
6　個人経営等への転換における知識集約型企業の魅力とリスク・114
7　フリーランス（個人経営）への回帰・118

第5章　今こそ見直そう！　大企業と中小零細企業の雇用の違い

1　働き方改革のしわ寄せは大企業から中小零細企業にのしかかる・122
2　大企業と中小零細企業の残業規制への対応の違い・125
3　大企業は人材確保による規模拡大はできるが、中小零細企業はできない・127
4　ＡＩ、業務委託での人件費の大幅削減は大企業の話・130

第6章　人手不足、高齢化社会の中でビジネスは大きく変わる

1　今こそ石田梅岩の商人道に学ぶ、仕事は「倹約・正直・勤勉」が基本・134
2　募集しなくても人が集まってくる魅力ある会社・137
3　中小零細企業は小さなマーケットで地域一番の商品を持つ・140
4　1人当たりの利益アップが経営の基本事項・143
5　定年など考えず、生涯現役を貫くのが最高の終身年金・144

巻末付録　Ⅰ　労働基準法・147
Ⅱ　労働契約法・167

おわりに

参考文献

第1章

求人難は益々悪化し、人手不足は加速していくばかり

1　働き方改革で10人未満の中小零細企業は人手不足必至！

働き方改革の中小企業への影響は

本書の読者の多くは、中小零細企業の経営者の方が多いのではないかと思います。

私は、日常的に社会保険労務士の業務を推進していく中で、中小零細企業の経営者の方からいろいろな相談を受けています。その関連で、２０１８年に地元の新聞社の主催で働き方改革のセミナーを開催させていただきました。

それを通じて実感したのは、それでは自分の会社で今後どうしていったらいいのかと問われるとほとんどの社長さんは残業規制しか頭に描けないということです。私は、ここ数年間、日本中がこの働き方改革にあまりにも振り回されてきたように思われます。

確かに、２０１８年の国会（１６９回国会）において、政府の推進する働き方改革の各種改正法が成立しました。改正の対象となった法律は、労働基準法、雇用対策法、短時間労働者の雇用管理の改善等に関する法律など多岐にわたっています。

労働基準法に関しては、70年ぶりの大改革と言われ、日々新聞紙上を賑わしてきました。そのほとんどの報道は、労働生産性を引き上げ、労働時間をいかに短縮していくか、または日本の労働力人口の減少を労働生産性の引上げによって解決していくといった流れです。この一見もっともな大義名分によって、何となくこの法規制は仕方がないかと大半の経営者の方は理解されているのではないかと思います。

この働き方改革は、果して中小零細企業の社長さんの会社に今後、どのような影響が出てくるか、私なりに考えてみました。

現在、大半の会社では、人手不足が言われています。私も顧問先に行くと、「いい人材がいないかね」「全く募集しても人が来ない」といったお話を日常的に聞かれるようになってきました。読者の社長さんの多くも、そのように思われているのではないかと思います。

私どもの石川県では、有効求人倍率が令和５年８月時点で１・53倍と全国トップクラスです。ちなみに全国平均は１・30倍です。

１・53倍ということは、求職者1名に約1・5社の求人の会社が存在するということで、まさに働く人から見ると売り手市場であります。逆に、求人の会社から見ると、空前の人出不足ということになってきます。

近所の老舗のラーメン屋さんが、人がいないので廃業したと聞いたときには、ここまで人手不足はきたのかと思いました。私どもの事務所でも求人しておりますが、なかなか見つからない状況です。

ところで、今回の働き方改革がスタートし5年目になりましたが、中小零細企業にはどのような影響をもたらすかですが、私は、最終的には、求人に一番影響を与えるのではないかと思っています。

その原因の最大のポイントの1つは、残業規制です。中小零細企業は、2020年からのスタートしましたが、残業の比較的多い小売業や製造業などでは重くのしかかってくる課題です。

これまでは、時間外労使協定を超えて働かしても、残業代をしっかり支払っていれば問題ありませんでしたが、改正後は限度時間を超えて働かせると罰則の対象になってきました。社長が労働基準法違反で逮捕ということも生じてくるわけです。

具体的には、残業については、これまで特別条項付の労使協定を結んでいれば、何時間働かせても問題ありませんでした。

しかし、現在は、月100時間以上、年間720時間を超えて残業をさせることができなくなってきました。日常的に残業が1日1時間ほどの会社であれば問題ありませんが、1日平均3時間を超えるような会社では対策が必要になってくるということです。

社長さん実感が湧いてきましたか？　下請けのあなたの会社がある日突然元請けから、あと1週間で部品を製造して納品してくれと言われたらどうしますか？　これまでは、従業員に多少無理な残業を課してもやり上げてきたと思います。

ところが、この残業規制が実施されたので、月間で100時間以上、年間720時間を超えて残業をさせられません。従業員が720時間近く残業をしていれば、それ以上させることができなくなりました。従って、大手が残業規制でやりくりできない業務は、どんどん下請けにシワ寄せが回っ

【図表１　残業代のシミュレーション】

１日８時間労働、月間 20 日勤務　手当込み月額　30 万円のケース		
１日平均残業時間	月間残業時間	月間残業代
１時間	20 時間	46,875 円
２時間	40 時間	93,750 円
３時間	60 時間	140,625 円

てくるようになるのではないかと思います。

残業抑制で従業員の残業収入が減る

社長さんがもう1つ考えなければいけないのは、残業代ということです。２０２０年4月までは、残業代を含めればそれなりの給与になっていた従業員が、今後、残業規制によりこれまでのような残業代が稼げなくなってくるということです。

図表1は、残業代のシュミレーションです。

このシュミレーションをじっくりご覧になっていただければご理解いただけるかと思いますが、これまで1日3時間ほど残業をしていた方が、この残業抑制で毎日1時間ほどの残業となると、この残業代が約10万円ほど少なくなってきます。

ここで社長さんが考えなければいけないのは、恒常的に残業が多い会社でしたら、働き方改革により残業時間が少なくなったとすると、従業員の給料が、毎月5万円から10万円ダウンするということです。

そうなると、奥さんが旦那さんに言うと思います。「毎月5万円もダウンしたら生活できない。もっといい給料の会社に転職したら」と…。もし、それが現実化すればどうなるでしょう。給料のいい、福利厚生のしっかりした大手に雇用が流れていってしまうことが十分考えられます。したがって、このような会社であれば、賃金の見直しを考えないといけないかもしれません。

このように、働き方改革の残業規制は、労働者の約8割を占めるといわれる中小零細企業の従業員においては、残業代を含んでなんとかそれなりの賃金となっていましたが、多くの中小零細企業ではこの働き方改革により、逆に賃金がダウンしてしまうケースが多く考えられるのではないかと思われます。

5日間の有給休暇付与義務がスタート

また、2019年からは、5日間の有給休暇の付与義務がスタートしました。

日本の中小企業では、有給休暇制度自体が採用されていないとか、有給休暇の付与日数の約5割前後の日数しか消化されていないのが実態です。ただでさえ、人手不足の中小零細企業にとって、有給休暇5日間の導入はなかなか厳しいものがあると思います。令和3年の有給休暇取得率は58・3％であります。

このようなことも考えると、有給休暇も十分に取れない会社より、大手の有給休暇がしっかりした会社に転職しようかななどということは今後十分予想されるところです。

これらからもわかるように、働き方改革の進展により、中小零細企業の人手不足は益々進展していくのではないかと思います。

２　新規事業を始めようとしても働いてくれる人がいない

有効求人倍率の推移

図表2は、厚生労働省のＨＰの有効求人倍率の推移のデータです。

これを見ていただければわかると思いますが、平成30年（２０１８年）６月分の日本の有効求人倍率は１・62倍と、リーマンショックにより戦後最低を記録した２００９年８月の０・42倍から上昇を続けています。

この大きな原因は、人手不足かと思われます。このようなこともあり、新規ビジネスを考えても人がいないので事業が始められないといった話をよくお聞きするようになってきました。

この問題は、現在の日本において大変深刻な課題になってきています。いろいろな人材対策はありますが、決め手がないというのが現実問題ではないでしょうか。

過日の新聞報道によるパーソル総合研究所と中央大学の発表では、２０１７年の労働力不足は１２１万人でしたが、２０２５年には５０５万人、２０３０年には２０１７年の約5倍の６４４万人に拡大し、それに伴って、時給換算した実質賃金も２０１７年の１，８３５円から２０３０年には２，０９６円に跳ね上がるとされていました。この報道からも空前の人手不足の深刻さが理解で

【図表２　有効求人倍率の推移】

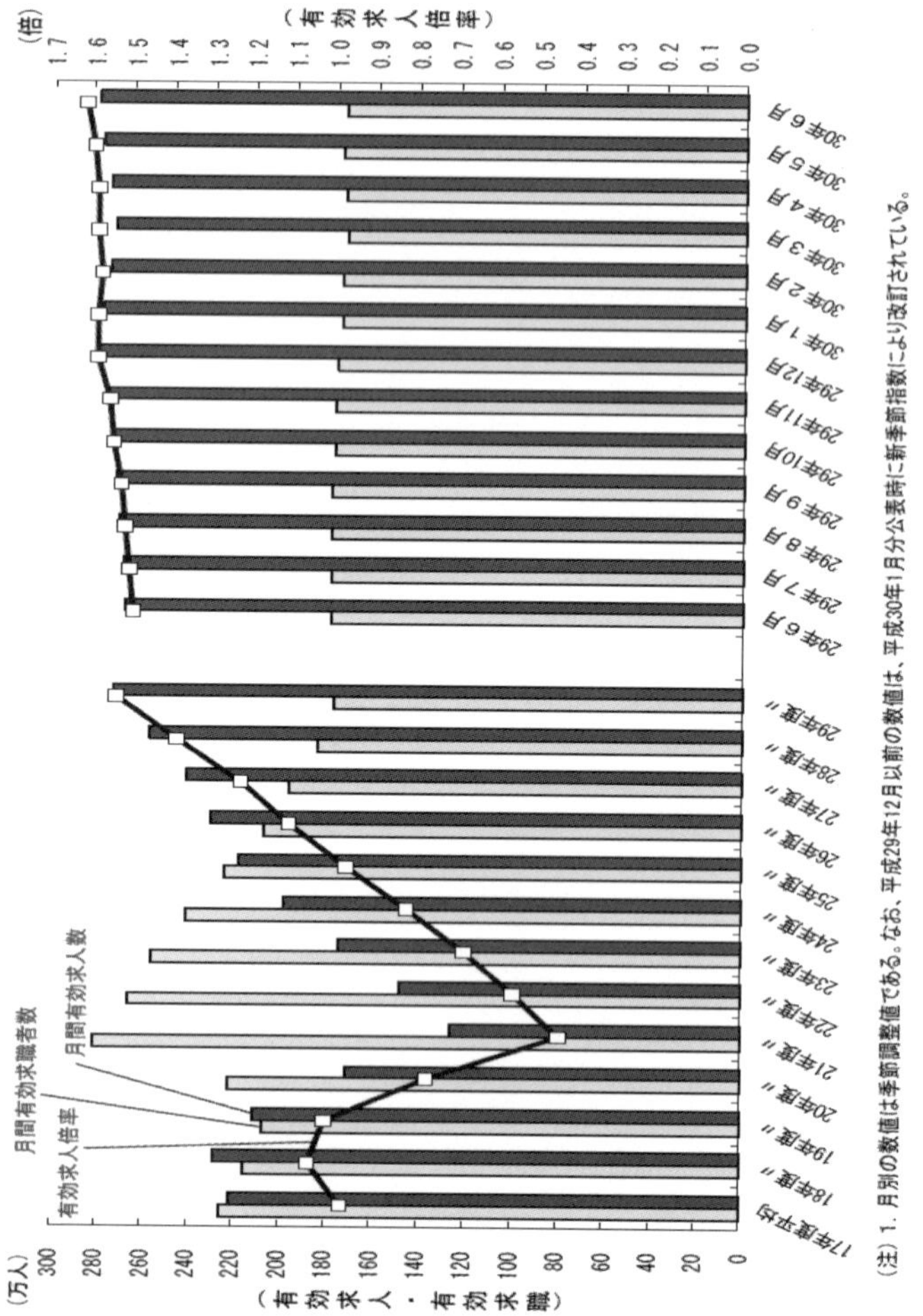

出所：厚生労働省ホームページより。

きると思います。

私は、前職が保険会社勤務でしたが、毎月セールスレディの募集に苦しんだものです。30年ほどの前の話になりますが、職安への求人や求人募集の広告などではほとんど集められなかったことを思い出します。

募集の基本は、やはり職安への求人、リクルート、今はやりのインディードなど求人対策ではないかと思います。その結果、他社との激しい求人戦が展開されています。そのような募集媒体も必要ですが、どうしても大手に有利な募集になってしまい、資金力のない中小零細企業ではよほど対策をしないとなかなか難しいのが現実ではないかと思います。

知人らによるオール求人特約店・協力者化

それでは、どうやって募集すればよいのでしょうか。

それは、仕事を紹介してくれるお客様づくりだけの視点ではなく、あなたの会社で働いてくれる方を紹介してくれるお客様づくりもしていくという視点が必要です。

きわめてアナログなやり方かと思いますが、日頃からあなたの会社のお客様・従業員・あなたの友人・知人などに会社ＰＲと同時に求人のお願いの話も継続的にしておくべきでしょう。できれば、求人の紹介の特約店・協力者みたいな感じで紹介をしてくれた方には必ずお礼をするような運営をして、身近な情報があなたの会社に流れるようにしておくべきではないかと思います。

【図表３　人材協力者戦略】

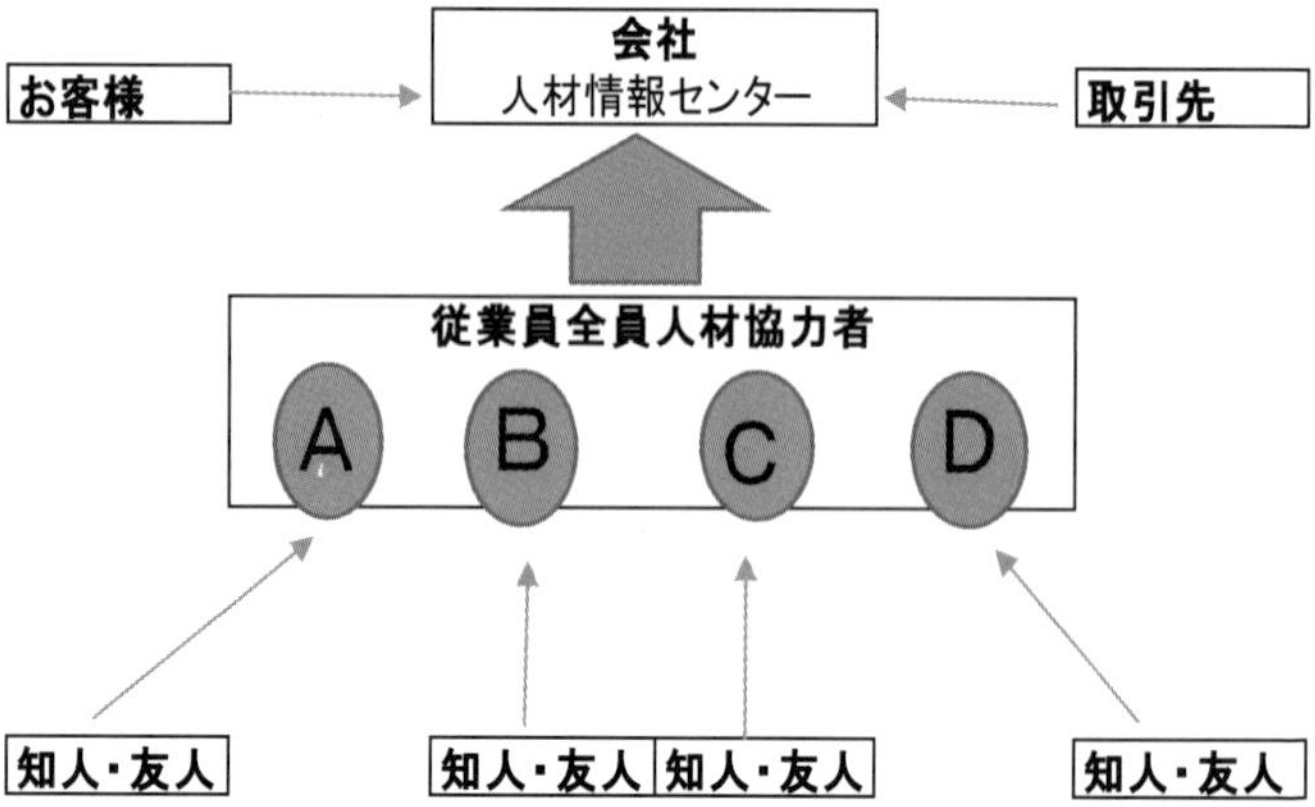

●人材情報協力者に情報提供の都度会社からお礼をする。
●人材協力者または人材候補者に定期的に簡単なハガキを送る。

もちろん、平行して職安やインディードなどの求人対策やＨＰに求人情報欄も開設するなども必要かと思いますが、私がかつて保険会社でやってきた人海戦術も、中小零細企業では必要な対策になってきたのではないかと思われます。

とかく求人というと職安などが頭に浮かびますが、あなたの知人らによるオール求人特約店・協力者化などという新しい発想で取り組まれてもいいのではないかと考えます。

私は、保険会社時代、このやり方で職員を増やしてきました。これらを活用すれば、知人の会社でやむなく退職した方とか、また、お仕事を探している方があれば一番最初にあなたの会社に情報提供してくれるようになるかもしれません。また、知人につながっているネット関係からの情報のキャッチも期待できます。

紹介の方であれば、ある程度その方の情報もわかるので、採用にミスマッチが減少していくはずです。以前にも会計事務所の担当者が変わったので、よく聞いてみたら、会計事務所のお客様からの紹介で入社したとお話されていました。

この会計事務所でも求人に苦労されていましたが、私が紹介したような求人方法で成功しているのです。また、あなたの会社に従業員がいれば、自然と従業員が求人協力者化していくと思われます。

昔から類は類を呼ぶと言われていますが、本当に不思議なことに紹介者に似たタイプの人がくるものです。知人の紹介の方であればある程度信用があるので、安心して採用ができるのではないかと思もいます。また、そのような方であれば、入社後会社でトラブルを起こすリスクも少ないのではないでしょうか。

このような求人対策は、一見時代遅れのような感覚を持たれたかもしれませんが、私はこのような取組みをすることによって、お客様に対して会社のＰＲにもつながるのではと期待しています。

この項の本題である、新規事業で働いてくれる人がいないということですが、先ほどのような、知人オール求人特約店・協力者化することによって、職安などの求人媒体よりもより確実な人材確保につながっていくのではないかと思います。

もし仮に、働いてくれる人が集まらなくて事業が始められないということであれば、それはまだあなたの事業はその時期ではないということでもあります。

あなたが、それなりの経営者として、信頼される方であれば、人は必ず集まってくると思います。

ただし、人が集まらなくて、会社に人材がいなくても、個人創業で1人でビジネスができるのであれば事業は継続できると思います。

3　主婦パートの雇用の拡大はできるか

パートの雇用拡大と課題

パートの雇用拡大は、今まさに旬の課題です。主婦の税法上の扶養の限度の収入が配偶者控除が受けられる103万円から配偶者特別控除が受けられる150万円に拡大されたことで、パートの主婦層の勤務時間の延長はこれまでよりも進展していくのではないかと思います。

図表4は、厚生労働省HPのデータですが、平成29年の日本の非正規雇用労働者は2036万人でそのうち約5割の997万人の労働者がパートということです。

また、図表5の総務省統計局の労働力調査結果による、非労働力人口（15歳以上の人口のうち、就業者と完全失業者以外の者）のデータですが、就業希望者が男性107万人、女性が262万人となっています。この数字は毎年減少傾向にあります。

このデータから分析すると、パートの雇用拡大はまだ約369万人の潜在的労働市場があることがわかります。現在の日本の労働人口が平成29年度で5460万人ですので、約7％の潜在的労働力市場が残されているといえます。

【図表４　正規雇用と非正規雇用労働者の推移】

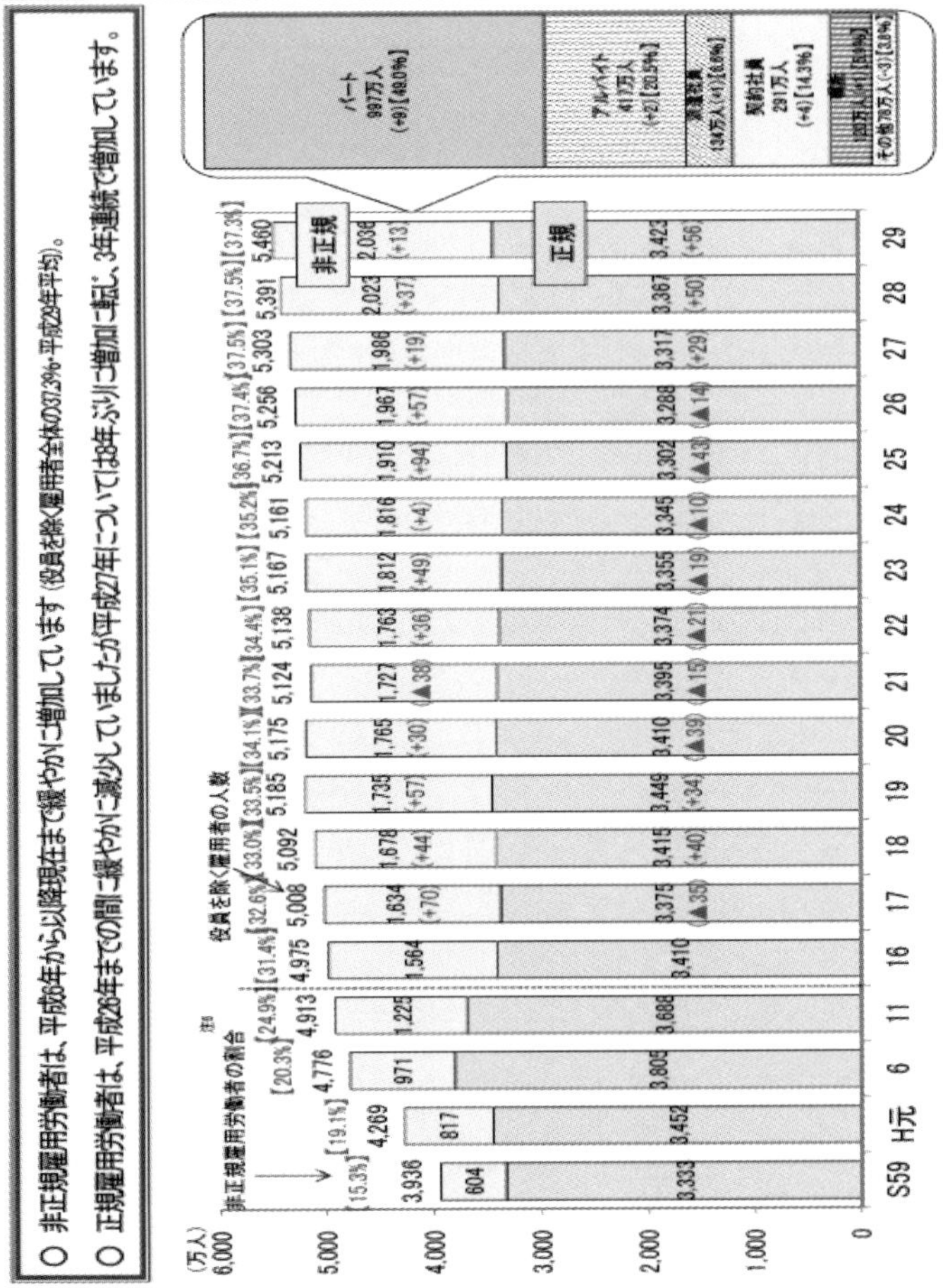

出所：平成 11 年までは総務省「労働力調査 (特別調査)」(２月調査) 長期時系列表９、平成 16 年以降は総務省「労働力調査 (詳細集計)」(年平均) 長期時系列表 10

【図表５　非求職理由別労働力人口のうち就業希望者の推移】

（万人）

			非労働力人口	うち就業希望者	適当な仕事がありそうにない						出産・育児のため	介護・看護のため	健康上の理由のため	その他
					総数	近くに仕事がありそうにない	自分の知識・能力にあう仕事がありそうにない	勤務時間・賃金などが希望にあう仕事がありそうにない	今の景気や季節では仕事がありそうにない	その他				
実数	2007年	男女計	4367	466	154	32	21	59	9	33	-	-	66	110
	2008	男女計	4399	456	150	30	21	56	11	31	-	-	67	107
	2009	男女計	4438	474	163	31	21	56	26	29	-	-	63	107
	2010	男女計	4464	470	166	35	20	57	24	28	-	-	64	108
	2011	男女計	4512	471	165	31	22	60	21	31	-	-	65	105
	2012	男女計	4536	418	142	26	20	51	14	32	-	-	66	93
	2013	男女計	4504	429	138	29	20	50	10	30	105	20	64	83
	2014	男女計	4489	421	124	22	18	50	6	28	102	21	64	90
	2015	男女計	4474	414	122	23	19	51	5	25	96	21	66	86
	2016	男女計	4426	382	106	19	17	42	5	23	87	19	63	82
	2017	男女計	4376	369	103	18	18	38	3	26	89	18	59	78
		男	1574	107	36	7	9	8	2	11	0	3	24	34
		女	2803	262	67	12	9	30	2	15	89	15	35	44

出所：総務省統計局「労働力調査結果」

この現実を考えると、現在の日本は10人の会社で1人退職すると7%ということは、その補充の1名の求人が先ほどの潜在的労働力市場から確保できればいいのですが、なかなか難しい社会であるということが理解できると思います。さらにに人口減少という現実がそれに拍車をかけてきているのです。

したがって、今後、パートの雇用拡大は、毎年最低賃金が引き上げられていくことでしょう。図表6の全国の最低賃金の一覧をみれば、東京は2023年には1072円となり令和5年は1113円になるようです。

この流れは、中小零細企業の経営には、益々重くのしかかってくることになります。

結果的に、パート雇用もどんどん資金力のある大手企業に引き抜かれかねない現実が近づいているのではないかと思います。

こうなってくると、パートさんでもあえて退職金制度の導入などの雇用対策は、今後益々重要な課題になってきます。

【図表６　令和４年度地域別最低賃金答申状況】

都道府県名	ランク	目安額	答申された改定額【円】(※1)	引上げ額【円】	目安差額	発効予定年月日 (※2)
北海道	C	30	920 (889)	31	+1	2022年 10月2日
青　森	D	30	853 (822)	31	+1	2022年 10月5日
岩　手	D	30	854 (821)	33	+3	2022年 10月20日
宮　城	C	30	883 (853)	30		2022年 10月1日
秋　田	D	30	853 (822)	31	+1	2022年 10月1日
山　形	D	30	854 (822)	32	+2	2022年 10月6日
福　島	D	30	858 (828)	30		2022年 10月6日
茨　城	B	31	911 (879)	32	+1	2022年 10月1日
栃　木	B	31	913 (882)	31		2022年 10月1日
群　馬	C	30	895 (865)	30		2022年 10月8日
埼　玉	A	31	987 (956)	31		2022年 10月1日
千　葉	A	31	984 (953)	31		2022年 10月1日
東　京	A	31	1072 (1041)	31		2022年 10月1日
神奈川	A	31	1071 (1040)	31		2022年 10月1日
新　潟	C	30	890 (859)	31	+1	2022年 10月1日
富　山	B	31	908 (877)	31		2022年 10月1日
石　川	C	30	891 (861)	30		2022年 10月8日
福　井	C	30	888 (858)	30		2022年 10月2日
山　梨	B	31	898 (866)	32	+1	2022年 10月20日
長　野	B	31	908 (877)	31		2022年 10月1日
岐　阜	C	30	910 (880)	30		2022年 10月1日
静　岡	B	31	944 (913)	31		2022年 10月5日
愛　知	A	31	986 (955)	31		2022年 10月1日
三　重	B	31	933 (902)	31		2022年 10月1日
滋　賀	B	31	927 (896)	31		2022年 10月6日
京　都	B	31	968 (937)	31		2022年 10月9日
大　阪	A	31	1023 (992)	31		2022年 10月1日
兵　庫	B	31	960 (928)	32	+1	2022年 10月1日
奈　良	C	30	896 (866)	30		2022年 10月1日
和歌山	C	30	889 (859)	30		2022年 10月1日
鳥　取	D	30	854 (821)	33	+3	2022年 10月6日
島　根	D	30	857 (824)	33	+3	2022年 10月5日
岡　山	C	30	892 (862)	30		2022年 10月1日
広　島	B	31	930 (899)	31		2022年 10月1日
山　口	C	30	888 (857)	31	+1	2022年 10月13日
徳　島	C	30	855 (824)	31	+1	2022年 10月6日
香　川	C	30	878 (848)	30		2022年 10月1日
愛　媛	D	30	853 (821)	32	+2	2022年 10月5日
高　知	D	30	853 (820)	33	+3	2022年 10月9日
福　岡	C	30	900 (870)	30		2022年 10月8日
佐　賀	D	30	853 (821)	32	+2	2022年 10月2日
長　崎	D	30	853 (821)	32	+2	2022年 10月8日
熊　本	D	30	853 (821)	32	+2	2022年 10月1日
大　分	D	30	854 (822)	32	+2	2022年 10月5日
宮　崎	D	30	853 (821)	32	+2	2022年 10月6日
鹿児島	D	30	853 (821)	32	+2	2022年 10月6日
沖　縄	D	30	853 (820)	33	+3	2022年 10月6日
全国加重平均			961 (930)	31		―

※１　括弧内の数字は改定前の地域別最低賃金額
※２　効力発生日は、答申公示後の異議の申出の状況等により変更となる可能性有

出所：厚生労働省

4　定年再雇用者の雇用は拡大できるか

定年は65歳!?

あなたの会社には、あと数年で定年を迎える方がいらっしゃいますか。いる場合、社長さんは、この人手不足もあり、65歳までの再雇用を考えておられるのではないでしょうか。

私は、仕事がら、定年再雇用で60歳時の賃金が再雇用で61％以下にダウンした場合は、雇用保険の給付である高年齢者雇用継続基本給付金の手続の依頼もあり、よく相談を受けることがあります。最近の傾向としては、再雇用において、以前と比べれば従前と同じ賃金で再雇用する会社が増えてきています。中には定年を65歳に引き上げる会社も多くなってきました。

過日の新聞では、国家公務員の65歳定年制移行のことが掲載されていましたが、2年に1歳ずつ段階的に引上げられ、令和13年度には65歳定年となることが改正されました。このことにより、一気に中小零細企業も65歳定年に移行していくケースも出てくると思われます。日本を代表する企業であるホンダやサントリーホールディングスは、すでに65歳定年に引き上げています。今後、65歳定年で70歳までの再雇用という考え方が注目を浴びてくる雇用形態の流れではないかと考えられます。

それに伴って、年金の支給開始年齢も65歳ではなく、アメリカやドイツのようにいずれ67歳に引き上げられ、やがて70歳支給開始まで進展していくのではないかと思われます。

２０２１年、高齢者の就業者数は18年連続で増加しており、９０９万人と過去最多です。当然ですが、就業者数に占める高齢者の65歳から69歳の年齢階級別の就業率は２０２１年度は50・３％で過去最高を示しています。

高齢就業者が多い業種としては、２０１９年には「卸売業・小売業」が１２６万人、次に「農業・林業」が１０８万人、「製造業」が94万人となっています。国際比較でも、日本の高齢者人口の割合は世界最高で、就業率でも２０２１年には25％と主要国の中で最も高い水準のようです。

このような高齢者の雇用環境の中では、定年直前の方がおられる会社であれば、そのほとんどは再雇用で対応していくのではないかと思います。さらには、他社を定年で退職した方を雇用するということもこれからは考えていかなければ、会社が回らないことになります。

ただし、高齢者の雇用においては、年金受給者であり、生活の基盤はできている方なので、フルタイムでなくても、短時間とかフレックスタイム制とか、様々な雇用の形態が取れるという点では魅力ある労働市場であるといえます。

いま、人生１００年時代とマスコミでいわれつつあります。これまでは、定年で人生は終わったとするサラリーマンが多かった気がしますが、徐々に定年後も何かに挑戦していこうという方が多くなってきたのではないでしょうか。ある意味、高齢者雇用のケースでは、現役時代の豊富な経験やノウハウがあるので、そのような能力をうまく引き出せば、若手以上の能力を発揮するかもしれないと考えられます。

【図表7　労働力人口と65歳以上人口の推移】

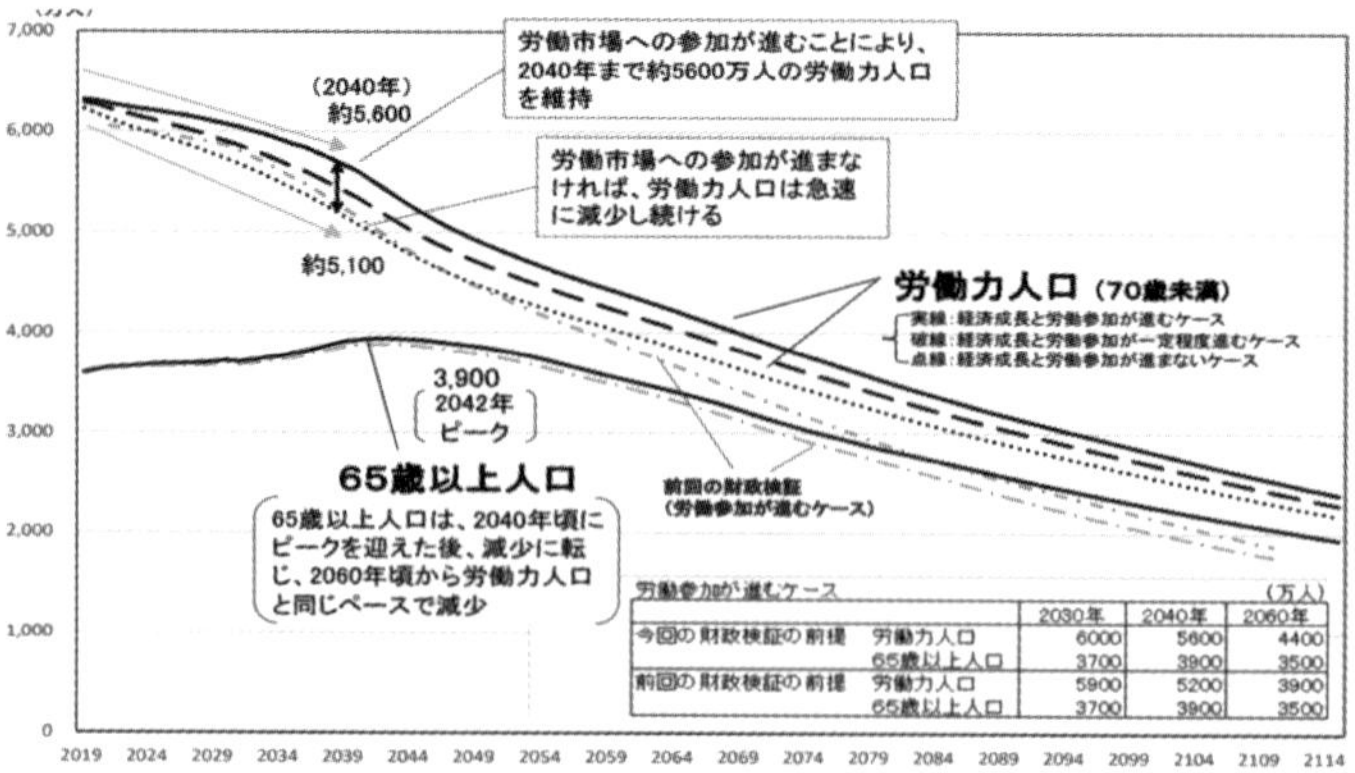

労働参加が進むケース　（万人）

		2030年	2040年	2060年
今回の財政検証の前提	労働力人口	6000	5600	4400
	65歳以上人口	3700	3900	3500
前回の財政検証の前提	労働力人口	5900	5200	3900
	65歳以上人口	3700	3900	3500

出所：厚生労働省ホームページより

中小零細企業であれば、大企業のように人材育成ができないのが一般的ですから、このような経験豊富な方を短時間勤務などで有効に積極的に活用していくことができれば、フルタイムのように賃金コストがかからないことも考慮に入れて考えれば、この上もない労働市場ではないかと思います。

高齢者の雇用が最も大きな人手不足対策

図表7は、厚生労働省の「労働力人口と65歳以上人口の推移」を示したデータです。これを見れば、65歳以上人口は２０４０年にピークを迎えることになります。しかし、それまでは労働力人口が毎年減少していく中で、65歳以上の人口だけがあと20年ほどは増加傾向が続くのです。このデータからも、高齢者の雇用が今の日本では最大の人手不足対策になってくることがご理解できると思います。

このデータから分析すると、40年後は労働力人口が現在の3分の2になり、約２０００万人近く労働人口が減少してしまうことがわかります。この約２０００万人の減少にどのように対応していけばいいのか、今後の日本の大きな課題が見えてきます。

また、この図表7からは、労働市場への65歳以上の方などの参加が進むことにより、２０３０年まで、あと10年間は何とか６０００万人前後の労働力人口は維持できそうです。

しかし、もし参加が進まなければ、２０４０年には進んだときの５６００万人から進まなければ５１００万人と一気に５００万人減少して、人手不足が加速していくことがわかります。外国人労働者で５００万人も増やすのは不可能です。

そうなると、今以上に人手不足は加速していくことになります。この５００万人とは、現在の労働人口の約１割ですから、単純計算であと17年間で、従業員10人の会社であれば１人は最低でも人がいなくなってくるということです。しかも、補充ができないのです。

したがって、今後、従業員は、かなりの好条件にしないと集めることは難しい時代に突入してきていることが、ご理解いただけるでしょう。

5　外国人労働者の雇用の拡大はできるか

中小零細企業にも外国人が

前項では、40年後には約２０００万人近くの労働人口が減少すると記載しました。それに対して、現在の外国人労働者数は令和3年10月末時点で約173万人だそうです。これは、就業している約2・5％が外国人だということになります。つまりは、40人に1人が外国人ということです。

40年後には約2000万人の労働者人口が減少しますが、それを単純に外国人労働者でカバーするとすれば、現在の外国人労働者の約12倍の人材が必要ということになります。これは全労働人口の約30％になります。したがって、現在の労働人口を維持するとすれば、40年後は10人に3人が外国人ということになってきます。ここまで、外国人労働者を増やすことはできないと思いますが、これが現実問題です。

以前から新聞報道では、2018年6月5日、政府の経済財政諮問会議において、外国人の受入れ拡大方針が表明されていましたが、2018年の12月8日の参議院本会議で、入管難民法が可決成立しました。これにより、従前に求められていたほどの高い専門性を備えていない外国人労働者にも門戸を開放することが決まりました。政府は5年目までの累計で最大34万5150人の受入れを見込んでいるようです。

また、とりわけ人手不足が深刻な建設・介護・農業・宿泊・造船などの14業種を対象に2019年から新たな在留資格特定技能が創設されました。

外国人雇用の基本的な考え方

中小零細企業の場合は、これまで外国人を雇用した経験は少ないのではないかと思いますので、ここで外国人雇用の基本的な考え方を記載しておきます。

外国人が日本で仕事をするためには、「就労ビザ」を取らなければなりません。この就労ビザは、いわゆる「在留資格」のことです。

居酒屋さんなどでバイトなどをしている外国人留学生をよく見かけますが、飲食店などのアルバイトなどは、単純労働とみなされ「就労ビザ」は許可されません。

現在の日本では、専門性のあるデザイナーとかプログラマーなどといった職務内容でないと「就労ビザ」は取れないことになっています。

よく聞かれるのですが、製造業の現場ラインで外国人を雇用できるパターンとしては「技能実習」があります。この技能実習というのは、海外から一定の期間、実務研修という形で雇用されるもので、事業協同組合などを通じて受け入れ、原則３年間雇用するという内容です。この雇用形態が身近な外国人労働者のケースではないかと思います。

基本的に日本で在留する外国人は、許可された在留資格の範囲内での収益活動が許可されており、それ以外の副業などは資格外活動となり違反になります。

なお、留学生の居酒屋などでのアルバイトは、「資格外活動許可」を取れば週28時間まではアルバイトができるというもので、許可が必要です。しかも週28時間までなのです。それ以上働かせると資格外活動違反となり、「知らなかった」とか、「うっかり」とか入国管理法の無知という形で違反を犯して本人も会社も罰せられることもありますので注意が必要です。

したがって、外国人を採用するときは、必ず、在留カード・パスポート・資格外活動許可の有無の確認が必要となります。その場合、在留資格の種類・在留期間（満了日）のチェックがポイントです。

採用したときや退職したときは、出入国在留管理庁に14日以内に届出の義務が発生します。違反には罰則もあります。

なお、雇用保険に加入するときは、資格取得届をすることによって外国人雇用状況報告となり、出入国在留管理庁への報告は不要となります。

社長さん、外国人雇用のイメージが湧いてきましたか。

中小零細企業では、前述したように、製造業では技能実習ということで経験のある社長さんもおられることでしょう。

ちなみに、外国人労働者の就業実態は、比率の高い順に製造業（30・2％）、卸・小売業（13・1％）、宿泊・飲食業（12・3％）となっており、とくに近年は宿泊・飲食業の増加が顕著です。今や、レストランとかコンビニに行って、日本人スタッフだけでやっている店舗は少ないのではないかと思います。

原則日本人と同等の賃金

ここで考えなければいけないのが、外国人だから低賃金で雇用できる時代ではなくなってきているということです。原則日本人と同等の賃金の支払いが必要となってきます。したがって、今後は、外国人だから低賃金で雇えるとは考えないことです。あくまでも日本人と同じ雇用条件で考えていかなければいけないということなのです。

外国人雇用を取り巻く状況がいくらかご理解いただけたでしょうか。このような前提に立って、中小零細企業の社長さんは外国人雇用を考えなければなりません。

なお、外国人の場合、在留期間ということも考えると、どうしても長期雇用が難しいかもしれません。したがって、比較的覚えやすい仕事が対象になってくると思われます。あと言葉の問題とか、習慣の違い等、配慮しなければならないことが日本人以上に必要になってきます。

また、最近の傾向は、中国の賃金の上昇などもあり、日本に技能実習や特定技能ではこなくなりつつなっているようです。ですから、低賃金だから外国人雇用という考えは今後できなくなってきたということを十分理解して、考えていかなければならない時代になったと言えます。

6　新卒の雇用の拡大はできるか

中小零細企業は年間休日の少なさではじかれる

新卒の雇用について考えてみたいと思います。

私の知人からこんな話を聞きました。知人の息子さんが大学を卒業して、新卒としてある保険会社に面接に行ったら、初任給で年収５００万円支給するから来てくれと言われたそうです。

これにはビックリしました。私のイメージでは、新卒であれば、初任給22万円前後で、年収はボーナスを入れても３００万円前後ではないかと考えていたからです。それが５００万円です。これが現実かと思いました。

この話を聞いて、あなたはどう思われましたか。これでは、中小零細企業は、とても新卒は採れないと思われたのではないでしょうか。それほど市場は加熱しているのです。

思えば、私が大学を卒業した当時は、逆に就職難でした。何社面接に行っても採用されない、就職浪人という言葉まであったと記憶しています。最近の風潮として、今の若い学生は、苦労して会社に入社していないので、新卒で入社しても、すぐ退職してしまうのかもしれないと思います。

今回の働き方改革の改正などの影響もあり、学生は、今後の入社の判断基準を、残業の少ない、土曜・日曜の休みのしっかり取れることを最低条件のように設定しているようです。

先日、自動車関係の社長さんと話していたら、「うちは土曜・日曜日が仕事なのでなかなか応募がない」と嘆いておられました。このように、今の新卒は、やりがいよりも、労働条件が一番の入社の判断基準のようです。

大企業であれば年間休日１２５日前後が多いですが、中小零細企業は年間休日１０５日前後が多いのではないかと思われます。10人未満の会社になれば、年間休日90日前後というところもあります。これでは、休日だけでも中小零細企業は敬遠されてしまいます、これに人手不足が重なると、もはや大手には新卒求人ではかなわないと言った感じです。

こうなると、前述したように、求人の特約店・協力者化した方々に、「あの会社は、独自の技術を持っていて将来必ず伸びるよ」とか、「社長さんの経営は素晴らしい会社だ」とか、労働条件以外の内容でＰＲして、口コミで新卒の求人情報を集めるような対策も必要になってきます。

とにかく大企業にない中小零細企業の魅力を発信していかなければ、新卒採用は難しい時代になっていると思われます。

注目すべき第二新卒は

最近では、「第二新卒」が注目を浴びています。第二新卒とは、新卒で入社してすぐに退社した３年未満の求職者をいいます。この第二新卒は、「休日出勤が多い」「周囲とうまくいかない」などの不満が重なり、「とにかく会社を辞めたい」ということで転職を決意した方が多いようです。

私が就職した頃は、会社を辞めれば、人生の敗残者のレッテルを張られたものです。したがって、それなりの一大決心がないと会社は辞められなかったものです。

もっと言えば、私がサラリーマンの頃、死ぬほど辛いのであれば会社を辞めればいいと思っていましたが、耐え切れず自殺した方が何人かいました。それほど会社を辞めるということはタブーだったわけです。私のような昭和生まれの人間には、いやになったらすぐ辞めてしまうというのは驚きですが、これが現在の新卒を取り巻く状況であるわけです。

このように紹介すると、第二新卒を採用すること自体、中小零細企業の社長さんから見れば、大変歯がゆいものがあり、二の足を踏みたくなることでしょう。したがって、それよりは、ある意味ガッツのある外国人労働者を雇うという方向に食指を向けたくなるかと思います。

ちなみに、私のような社会保険労務士の業界では、職員が20名前後の事務所であれば、業界では大手になり、それなりの求人対策ができます。しかし、5人未満の大半の社労士事務所や税理士事務所、またその他の士業の事務所などは、求人対策は益々厳しい対応を迫られてくるのではないかと思います。

知人の事務所では、なかなか応募がないので、求人会社のアドバイスで1日1時間から仕事ができる人ということで募集して、何とか1名採用できたとのことでした。

7　入社したら新車をプレゼントするなど際限のない採用戦争がやってくる

バブル期の再来

「入社したら新車をプレゼント」というのは、かつてのバブル期に良く聞かれました。、現在の日本の新卒採用の現場では、再びバブル時代の求人対策が起こってくるのではないかと思われます。いや、今回の波は、バブル期を超えた内容の求人活動が展開されることでしょう。

中小零細企業では、人手不足といいながら、まだ何とかやってきているのが現状でしょうが、これ以上人手不足が進展していくと、社長さんの頭の中はこの求人対策ばかりが駆け巡っていくようになっていくのではないでしょうか。

すでに、自動車整備業の世界では、整備士が引き抜かれたという話をよく耳にするようになってきました。お客様の取合いではなく、従業員の取合いになってきているのです。

このような状況になると、「働いてやっているんだ」といった態度を顕著にする従業員が出てきたという話が伝わってきたりします。

大企業なら、従業員が多くいるのでそのような発言があってもあまり影響がないかも知れませんが、零細企業では、会社の社風を一気にダウンさせかねない状況を生み出します。このような従業員を押し切っていけるパワーのある社長さんであればいいのでしょうが、気の弱い社長さんですと落ち込んでしまいます。

以前、顧問先でこのような社長さんがおられました。従業員10名前後の会社でした。ある知人の紹介で人を採用したのですが、その方が労働基準法に明るい人で、次から次へとその関連で意見を言ってくるため、これまでうまくいっていた社内の雰囲気が一気に悪化してしまい、それを気に病んだ社長はもう辞めるとか、半分ノイローゼ状態になってしまったそうです。

零細企業では、今後、このようなことが、人手不足の加速に伴って多くなるのではないでしょうか。

働き方改革の法改正への対応

こうした時代の流れを考えていくと、これから中小零細企業の社長さんは、働き方改革の法改正を受け入れた会社経営をしていかないと、求人はさらに難しい時代になってくると思われます。

【図表８　働き方改革関連法（2018 年 7 月 6 日公布）スケジュール】

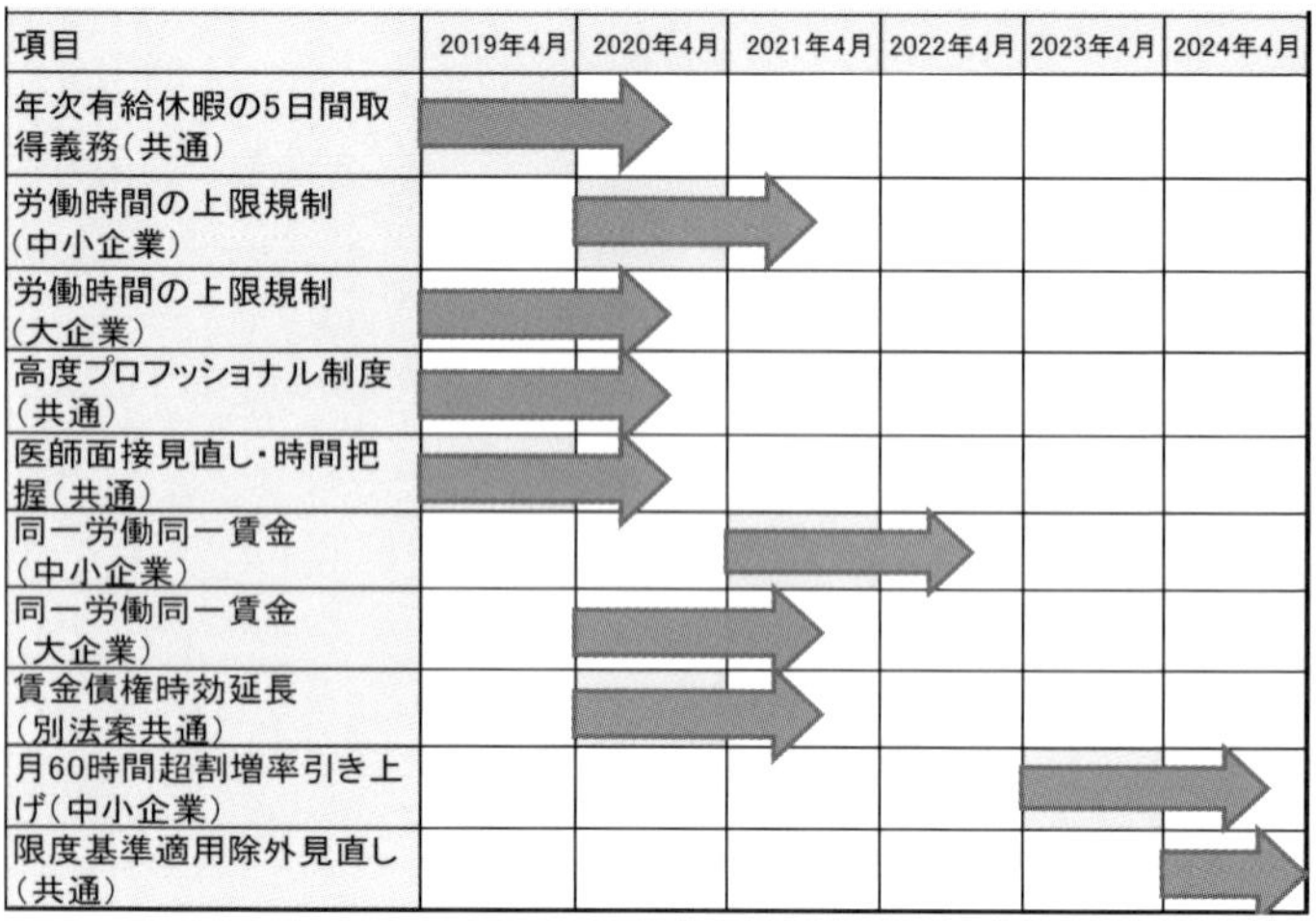

図表8は、働き方改革関連法の主な項目と実施スケジュールですが、２０１９年4月からは有給休暇の事業主からの5日間の付与義務が定められました。

これまでは、従業員から有給休暇取得の申出がなければ付与の義務はありませんでしたが。２０１９年4月からは与えなければならなくなりました。

もし、対応しなければ、ただでさえ少ない従業員は、それを動機として、他社への転職していくのではないかと私は想像します。

また、残業規制が中小零細企業にも適用されました。２０２０年の4月からの施行でしたが、残業代はしっかり支払っておく必要があります。とくに、未払残業代は、これまでの2年時効ではなく3年遡ることになってくるので、要注意というところです。

第2章　あなたの会社に人が入社しなくなったらどう対応するか

1　納期に間に合わず債務不履行による損害賠償も予測される

残業規制の圧迫

第1章で中小零細企業の働き方改革の影響と労働市場について記載してきましたが、どの労働市場があなたの会社にベストな雇用対象かは、状況により様々でしょう。いずれにしても、言えることは、人口減少による空前の人手不足の時代がやってきたということです。

また、政府の働き方改革の関連法が成立したことにより、中小零細企業は労働者の雇用管理をこれまで以上にきちんと実施していかなければ、誰もあなたの会社で働いてくれなくなる時代がやってきたということです。

「うちみたいな零細企業は、労働基準法はとても遵守できない」と言いたい社長さんも多いと思いますが、これからの時代はそれではすまされない時代になってきたのです。

影響の大きい残業規制の法改正は、後で詳しく解説しますが、概要は図表9のような内容です。

ここで将来予想される残業規制にかかわる場面を改正内容を踏まえて考えてみたいと思います。

従業員5人のあるケーキ屋さんとします。このケーキ屋さんは、クリスマスケーキの受注を大量に受けました。このお店は、人手不足も重なってこれまで5人で何とか回してきていました。5人の残業時間は図表10のとおりです。

【図表９　残業規制の概要】

区分	現行	改正内容
１か月の上限	45 時間 （大臣告示）	これらの時間を法定化 （罰則あり）
１年の上限	360 時間 （大臣告示）	
特別条項での １か月の上限	協定で定めた時間。 年６回まで。 ただし、定める時間の上限なし。	繁忙期は、１か月 100 時間未満および２～６か月平均 80 時間以内（いずれも休日労働を含む）。 45 時間超は年６回まで。
特別条項での １年の上限	協定で定めた時間。 ただし、定める時間の上限なし。	年間上限 720 時間 （休日労働を含まない）

【図表 10　残業時間シミュレーション（法定残業時間）】

氏名	1月	2月	3月	4月	5月	6月	7月	8月	9月	10月	11月	合計	12月可能残業時間特別条項なしのとき	12月可能残業時間特別条項ありのとき
Aさん	30	30	30	30	30	30	30	30	30	30	30	330	30	99
Bさん	30	45	30	30	30	45	15	30	30	45	30	360	0	99
Cさん	40	80	40	80	40	80	40	80	40	80	40	640	280時間オーバー	80
Dさん	30	99	60	99	60	99	60	45	45	45	45	687	327時間オーバー	33
Eさん	45	99	60	99	60	99	60	45	45	45	45	702	342時間オーバー	18

この事例のような状況になれば、特別条項で法定の限度ぎりぎりの労使協定をしても、Dさんは12月33時間、Eさんは12月18時間しか残業をさせられません。残業トータル時間が720時間を超えて働かせることはできなくなってくるからです。

このケースで、もし、納期が間に合わないということで、Eさんが12月にあと3時間プラス残業して21時間の残業となると、トータル723時間残業したことになってしまいます。ということは、勤務させた時間分は仮に残業代を支払っていても、労働基準法違反で罰則の対象となります。知らなかったではすまされないのです。したがって、仮に5人ともDさんのように720時間以上になるようであれば、社長とその家族で仕事を仕上げなければならないということです。

もし、納期に間に合わなければ、債務不履行で損害賠償を請求されるかもしれません。

このように時間管理は、これからは、中小零細企業だからできないといった言い訳は通用しなくなってきました。また、労基法の改正で時間管理は強化されることになりました。

どのレベルまで残業させられるか

ここで、ではどのレベルまで残業させて仕事ができるのか考えてみたいと思います。

理解していただくために、残業させるときの労働基準法の考え方を紹介しておきましょう。

労働基準法32条では、使用者は休憩時間を除いて1週間に40時間を超えて労働させてはならず、また、1日について8時間を超えて労働させてはならないと定めています。

したがって、休憩時間を除いて1日8時間労働の会社であれば、1週5日間労働で40時間しか働かせられないということになります。

ではどうしたらそれ以上働いてもらえるかですが、働いてもらう場合には、あらかじめ時間外・休日労使協定を締結して、その内容を労働基準監督署に届け出ておく必要があります。これが時間外・休日労使協定、法律の条文から三六協定と言われているものです。

この協定の中で、1日に何時間、1か月に何時間、1年間で何時間残業できるかを協定をするわけです。一般的には、1か月45時間、1年360時間といった内容が大半かと思われます。また、この時間が原則の上限となっています。

ここで社長さんの中には、これ以上働いている人がいるが、そのケースはどのような定めで働かせているのかと疑問を持たれたのではないかと思います。

これまで日本では、先ほど紹介した時間外・休日労使協定に特別条項という追加の労使協定を締結していれば、実質的に労働時間の延長上限については定めはありませんでした。したがって、特別条項において月150時間で労使協定すれば、そこまで働かせることができたのです。つまりは、特別条項を締結していれば、いくらでも働かせることがこれまではできたのです。

前掲の図表9をもう1度じっくり見ていただきたいと思います。特別条項がついていないと、Cさん、Dさん、Eさんの3人は、年間360時間を超えて残業はできないのです。

時間外労使協定だけの内容であれば、年間360時間が上限なので、零細企業は毎月残業は30時間が限度というようにシンプルに運営したほうがベストではないかと思います。

零細企業の場合、毎月の労働時間管理も大変なので、「当社は、残業は毎月30時間以内ですよ」とルール化しておけば、無理なく対応できるのではないかと思います。

また、特別条項を最大限に活用して残業対策が必要であれば、Cさんのように毎月80時間と40時間の残業を年間で6回ずつを限度にルール化すれば、回していけるのではないでしょうか。

零細企業で残業の多い会社であれば、Aさんタイプか Cさんタイプでルール化して、その時間以上の残業は絶対にさせないといった取組みであればわかりやすいので、零細企業でも残業規制は比較的スムーズに運営していけるのではないかと思います。

また、図表9を見ていただくと、1か月100時間未満・80時間以内は、いずれも休日労働を含むとなっており、年間上限の720時間以内は休日労働を含まないとなっています。この関係での上限時間を考えると複雑で、零細企業の社長さんや従業員さんは理解しにくいと思われましたので、本書では先ほどのCさんのようなわかりやすいパターンを記載させていただきました。

残業規制違反は罰則もあり

今回の働き方改革で当時の安倍総理大臣が70年ぶりの大改革といっているのは、これらの取扱いを指しています。このことが、労働基準法ができて以来、労働時間に関する大改革というわけです。

しかも、これまでのように労働時間の上限は大臣告示ではなく、法律に条文化されたわけです。

【図表 11　中小企業の範囲】

業種	資本金の額または出資の総額		常時使用する労働者の数
小売業	5,000 万円以下	または	50 人以下
サービス業			100 人以下
卸売業	１億円以下		
その他事業	３億円以下		300 人以下

また、新たに罰則が設けられました。

したがって、今後は、労働者を法定労働時間以上働かせてしまうと、場合によっては逮捕されてしまうかもしれない時代に突入していくわけであります。

中小企業（図表11参照）は２０２０年４月からスタートしています。大企業は２０１９年４月からすでにスタートしています。

解決策は労働生産の向上

労働時間の上限規制の概略を記載してきましたが、比較的残業の多い中小企業の社長さんは頭の痛い話と思われたことでしょう。

多くの新聞などでは、その解決策は労働生産の向上による残業削減と決まり文句が並んでいます。具体的には、ＡＩ（人工知能）の導入による労働生産性の向上などに尽きるのではないかと思います。

しかし、果して10人未満の多くの中小零細企業で、高額なＡＩの機械を導入できるでしょうか。また、この人手不足の時代、求人で対応できるでしょうか。なかなか回答がないというのが多くの社長さんの本音のような気がします。

事務的な業務は、ＩＴの活用で中小企業でも比較的合理化はできやすいかもしれません。したがって、事務系の仕事であれば、そのことによりいくらか労働時間の短縮は可能かと思いますが、製造・小売・運送などの業務は労働時間の短縮は事務系ほど簡単ではないと思われます。

そもそも、これまで10時間かけてやっていたある業務を6～7時間でできるようになるものでしょうか。美容室に行って、これまで2時間かかっていたサービスが1時間で終わったら、お客様はどのように感じるでしょうか。

中小零細企業では、これまですでにギリギリの体力で業務をこなしてきており、労働生産性の向上には限界の壁にぶつかっていると思われます。大企業であれば、1つひとつの業務の少しの改善でも結果的に会社全体で考えればその効果は大きいものがあると思われますが、中小零細企業では難しい課題です。

かといって、求人による人員確保で対応できればいいのですが、それができないという現実が重くのしかかってきています。

2 思い切って家族労働者を有効活用

労基法の対象外の家族の活用は

従来の多くの社長さんの考え方のパターンとしては、求人関係の会社に高額の報酬を支払って求人戦略を駆使することにより、人手不足を解消していけば、そのことが残業対策にもなっていくというのが大半ではないかと思います。ある意味正しい攻めの経営ではないかと思います。

しかし、現在の日本のこの人手不足の現実を考えるならば、別の攻めの考え方もあるのではないかと考えます。

それは、今いる従業員の業務改善は当然のことですが、業種にもよりますが事務系の業務であれば家族である奥様とかお子さんとか、お父さん、お母さんといった家族に、会社の仕事を手伝ってもらうといった考え方です。

殊に家族の場合は、労働時間に規制がないので、仕事を持たれている家族であれば、副業で毎日3時間とか働いてもらうなど、多様な働き方が可能となります。それだけに、ある意味最適な働き方ができる労働市場とも言えなくはないのではないかと思います。社長さんの家族の状況はいかがでしょうか。

働き方改革により、従業員が残業で遅くまで会社に残っているケースは減少していくと思います。見方を変えれば、どうしても残業規制で対応できない業務については時間外ですが、夕方7時から3時間とか、休日に仕事をしてもらうなどの対応で、零細企業の会社であれば何とかやっていける部分もあるのではないかと思います。

現実に、中小零細企業では、奥様が総務・経理をやられている会社も多いはずです。したがって、すでに家族労働は実施済みという社長さんも多いのではないかと思いますが、お子さんとかが働ける状況であれば、仕事が終わってから従業員が時間外勤務できない部分を手伝ってもらうということも、これからは必要な考え方になってくるのではないかと思います。

戦前の日本は、大半が現在のようなサラリーマンが労働者ではなく、個人事業主がほとんどで、家族が手伝ってつないできたという事実が厳然としてあるのです。

家業の仕事を手伝うというのは、家族の団結につながってもいくでしょう。加えて、ある意味、他人の労働よりも素晴らしい商品、サービスの提供が可能かもしれません。

かつて、顧問先の社長が言っていました。「三村さん家族労働者に勝るものはないよ」との言葉が今でも耳に残っています。

3 ビジネスの縮小か外部委託か事業譲渡かの選択

事業縮小も戦略の１つ!?

会社に人が入社してこなくなってくれば、前述のような家族労働者とか、外国人労働者とか、高年齢者の有効活用とか、いろいろ選択肢がありますが、もし仮にそのような選択肢をもってしても人が確保できなくなれば、最悪、ビジネスの縮小か事業譲渡などの事態も考えなければなりません。

ビジネスの縮小というと、何か後ろ向きの発想のようにもとられがちですが、発想を変えれば、今いる人材で質の高い商品サービスの提供が可能になってくるという考え方もできます。

例えば、移動時間のかかるお客様から撤退するなどの事業縮小策の実施は、一時期売上は減少するかもしれませんが、労働者も減少しているので、１人当たりの利益は逆にアップしていくことも十分考えられます。

これまでの社長さんの頭の中は、常に拡大拡大が経営であるような考えが詰まっていたかもしれませんが、この人手不足の今日の社会では、逆の発想があってもいいのではないかと思います。

社長さんいかがでしょうか。拡大路線が推進できればいいのですが、今の日本では、人・物・金の金があっても人がいなければ、そもそも拡大拡大の戦略は中小零細企業では大変難しいことです。

最近、地元石川県のある有名な温泉が、リバイバルしようと約２００人の従業員を募集したところ、人が集まらないので、開業できるかどうか先行きが見えない状況に陥っていると聞きました。

また、先日、ある小売業の社長さんと話していたら、人が集まらないので知人の会社が倒産したとのことでした。外国人労働者の雇用をといった意見もあったようですが、そこで働く日本人から「外国人とはどうしても一緒には働けない」といった声が多く出て断念したとも聞きました。

したがって、倒産してしまってからでは遅いので、事業縮小というのも、考える選択肢の１つではないかと思います。

自社は魅力的か

わが国は、世界で群を抜く「老舗企業大国」です。創業１００年を超える老舗企業が、個人商店や小企業を含めると約10万社以上あると言われています。その中には、何と飛鳥時代、西暦578年に設立された創業1400年の建築会社「金剛組」だとか、創業1300年になろうかという北陸の旅館、1200年以上の京都の和菓子屋など、1000年以上の老舗企業も少なくありません。

ここで注目したいのは、100年以上の会社の歴史の中で、現在のような人手不足の状況はなかったかと思いますが、何故、今日まで生き続けてきたのかということです。

創業100年以上の老舗企業10万社のうち、4万5000社ほどが製造業ですが、伝統的な工芸品分野ばかりでなく、携帯電話やコンピュータなどの情報技術分野や、バイオテクノロジーなど先端技術分野の企業もあるとのことです。

これら老舗企業の共通点は、次の3つだと言われています。

・その1　伝統技術を現代社会の必要とする新しい製品に生かしている。
・その2　自分の本業の技術から離れていない。
・その3　大自然の不思議な力を引き出して革新的な製品開発につなげている。

このことを雇用という視点から考えてみれば、会社の経営方針にぶれがない、常に前進革新のある会社であることがわかります。このような会社に人が集まり、老舗企業が今日まで生き延びてきた理由の1つではないかと思います。

人手不足、人手不足だと思う前に、自分の会社が、働く人から見て魅力的な会社であるかどうかをチェックしてみてはいかがでしょうか。中小企業でも、魅力ある会社は、求人3名に対して

３００名の応募があったといった例もあるようです。

したがって、求人で人が集まるかどうかは、あなたの会社が魅力的かどうか、ある意味試されているのではないかと思います。ということは、人が集まらない会社は、それだけ市場において魅力がない会社であり、事業縮小の選択もやむを得ないといった見方もできます。

いかがでしょうか。多少厳しいお話かもしれませんが、ある意味お金がないという現実よりも、働いてくれる人がいないという現実のほうが、これまで経験したことがない大きな経営課題として益々現実味を帯びてきたのではないかと思います。

人・物・金のうち、物と金は銀行などからの借入で何とか対応できますが、人はいなければどうしても対処できないという側面があります。

これまでの中小企業の社長さんは、資金繰りのことをメインに経営していれば何とかやっていけましたが、これからは資金繰りと人の対策を課題として経営していかなければならない時代がきたと言えるのではないかと思います。

4　今いる従業員が食べていける妥当な売上水準を考える

量より質への転換のきっかけに
この項では、あなたの会社の妥当な売上はいくらあればいいのか考えてみたいと思います。

私は、社会保険労務士ですので、この業界での推測で考えていくことにします。

この業界では、従業員1人当たり年間約600万円の売上があれば何とかやっていけると考えます。したがって、職員が4名で所長1名の合計5名であれば、5×600万円＝3，000万円の売上ということになります。

そのため、それ以上売上がある事務所であれば、人手不足にどうしても対応できないのなら、事業縮小により、あえてお客様を減少させ、より質の高いサービス提供ができるようにもっていける可能性もあります。

事業の開業時は、とにかく顧客獲得が最大課題になるので、質よりも量の考え方に傾きがちですが、ある程度事業が安定しているのであれば、量より質への経営転換を図り、売上単価を引き上げ、1人当たりの利益を引き上げる絶好のチャンスとなるかもしれません。

なお、従業員が1人不足するということは、極端な言い方かしれませんが、年間600万円の売上ダウンがあっても事務所はやっていけるということです。

あなたの会社の1人当たりの売上の損益分岐点などは、決算書などから判断すれば、ある程度ザックリではありますが、把握できるはずです。そこから1人当たりの必要売上金額は、簡単に出てくるでしょう。その金額が頭の中にあれば、事業縮小で人が減少しても焦る必要はないと思います。

いかがですか。このような考え方は、今まで社長さんも考えたことがないのではないかと思います。

売上のマイナスからの経営

これまで、社長は、常に売上アップしかなく、売上のマイナスからの経営という視点にはいくらか戸惑われたのではないかと思います。

しかし、あなたの会社が魅力がなければ、これからは中小零細企業では人の雇用は大変厳しいという現実がのしかかってきています。そのため、このマイナスからの経営という視点も、必要な時代になってきたのではないかと思います。

抵抗を感じるかもしれませんが、そのことにより、より質の高いサービス・商品の提供が可能となるのであれば、必要な選択肢の１つではないでしょうか。

とくに、私どものような士業には、今後、念頭に置くべき考え方の１つではないかと思います。

２０１９年度から導入された国のオンラインによるワンストップ法人手続とか、今後予定されている行政手続のＩＴ化・デジタル化においては、次の３原則が挙げられています。

① デジタルファースト原則（原則オンライン利用の推進・サービスデザイン思考に基づく取組みの推進）
② ワンストップ原則（民間・行政サービスの融合）
③ ワンスオンリー原則（必要書類の徹底削減）

このような国の方向性を考えてみると、われわれ士業のような業種は、これまでとは全く違った考え方をしていかないと生き残れない時代がきたと言えます。

ある意味、ＩＴを活用した戦略に舵取りをしなければ、生き残れないということです。

また、前述の3原則のワンスオンリー原則（必要書類の徹底削減）などにより、士業の業務が大幅に縮小していくことも考えられないわけではありません。このようなとき、このマイナスからの経営戦略も考え方によっては現実味を帯びてくるのではないかと思います。

ところで、このＩＴ化の流れを積極活用するという視点から考えると、この士業の世界は大きく事業拡大できる絶好のチャンスと考えることもできます。

手続が簡単になればなおさら、その仕組みがよくわかる専門家の必要性が益々必要とされる時代になってくるかもしれないと思います。

また、本書のキーワードの1つである求人も、ＩＴ化やＡＩ化により従来のように様々な業界において今までのような雇用が必要でなくなる一方で、新しいスタイルの雇用が生まれてくるかもしれません。

この章では、残業規制の対応についても述べてきましたが、見方を経営者の会社経営の視点でなく、重要な目線として1人の従業員の視点で考えるならば、2時間ほど毎日早く帰れるということは、それにより家族と過ごす時間が増え、趣味などリフレッシュする時間や、さらに考えれば、自己研鑽や自己投資に使える時間も多くなり、結果的には職業人として成長できる自己満足の向上キッカケにつながってくるのではないかと思います。そのことは、やがてあなたの会社の発展につながっていくのではないでしょうか。

第3章　あなたの会社の従業員はあと何年間勤務できるか

1　定年から見る人材将来予想人数と雇用改善の有給休暇はどのように付与すればよいか

5年後・10年後の現有従業員数は

あなたの会社の従業員の年齢から、あと何年働いてもらえるか真剣に考えたことがありますか。おそらくほとんどの社長さんは、考えたことがないのではないかと思います。

ここで、私のお客様である建設会社の事例で考えてみると、図表12のようになります。

この事例をご覧になられて、はっとされたのではないでしょうか。

定年が60歳で、再雇用の方がいても、あと数年で65歳になられ、この会社では働けない状況になってくるのが見えてきます。

その時点までにもし求人ができなければ、10年後は従業員が約半分になってしまいます。例えば、石川県では、建設業の求人をしても、とび、型枠大工、鉄筋工等で有効求人倍率17・38倍（令和4年1月時点）で、とても零細企業では増員が望める状況ではなくなっています。仮に入社しても、人材として育ってくれるかどうかもわかりません。

幸いこの会社では、息子さんが数人いるので、この家族労働で対応ができる可能性が残されています。

しかし、もしこの会社で3人の従業員が退社したらどうなるでしょうか。

【図表 12　５年後 10 年後求人できないとどうなる？】

年齢区分	人数
～19歳	
20～24歳	
25～29歳	1
30～35歳	1
36～39歳	
40～45歳	1
46～49歳	1
50～54歳	2
55～59歳	3
60～64歳	1
65～69歳	
70歳～	
65歳までの合計人数	**10**
60歳以上	**1**
65歳以上	

5年後

年齢区分	人数
～19歳	
20～24歳	
25～29歳	
30～35歳	1
36～39歳	1
40～45歳	
46～49歳	1
50～54歳	1
55～59歳	2
60～64歳	3
65～69歳	1
70歳～	
65歳までの合計人数	**9**
60歳以上	**3**
65歳以上	**1**

10年後

年齢区分	
～19歳	
20～24歳	
25～29歳	
30～35歳	
36～39歳	1
40～45歳	1
46～49歳	
50～54歳	1
55～59歳	1
60～64歳	2
65～69歳	3
70歳～	1
65歳までの合計人数	**6**
60歳以上	**2**
65歳以上	**4**

例えば、建設業の現場の仕事はなかなか対応が難しいと思います。仕事ができないという状況が懸念されます。

したがって、この問題の解決策としては、事業縮小か、できる仕事しか受けない、または外注ということになってくるでしょう。

このような現状の零細企業は多数あるのではないかと思います。

建設業の仕事は、人手不足ということで安易に外国人労働者とかを雇い入れても、労災の事故につながり、死亡などにまで発展すれば、何のための雇用かわからなくなってしまいます。

したがって、零細企業は、売上目標と同時に、図表12のようなシュミレーション図を作成して、５年後に８名・10年後に10名とか、人材在籍目標を明確に頭の中にイメージして対応していかなければ、立ち行かなくなる時代になってきたと思われます。

労基法の習得は不可欠

加えて、働き方改革にあるように、これからの会社経営は、労働基準法の基本は習得しておかなければ、人を継続的に雇用していけない時代になったと思われます。

なぜならば、２０１９年の４月からは、事業主からの有給休暇の最低5日間の付与が義務化されたからです。

これまで有給休暇は、労働者から申請がなければ、付与しなくても法律違反ではありませんでした。ところが、２０１９年の4月からは、事業主からの付与が義務化されたのです。

そのため、もし、事業主が有給休暇を付与しなかった場合、これが悪質と見なされれば、30万円以下の罰金刑になってしまうこともあり得ます。もちろん、このような法律があることを知らなかったでは済まされません。

それよりも、仮に有給休暇を与えないような経営をしていれば、おそらくあなたの会社で働いてくれる人はいなくなってしまうでしょう。

持論ですが、これからの経営者は、3級程度の簿記と労働基準法の基礎は勉強しておかないと、人の雇用を前提とした会社経営は難しい時代に突入してきたのではないかと思います。

有給休暇の対応策

労働基準法の基本を理解していれば、有給休暇の計画付与という対応策も自然と見えてくるわけです。

これは、事業主が労働者と労使協定をして、有給休暇の日をあらかじめ指定して付与することにより、ばらばらに有給を請求されたら会社が回らなくなってしまうのを回避するやり方です。

有給休暇の事業主からの5日間の付与義務は、これまで有給休暇を十分に取得させてこなかった中小零細企業の社長さんにとっては、かなり頭の痛い話かと思われます。

なお、基本的には、すでに有給休暇5日間を取得している従業員に対しては、さらに5日間の付与の義務はありません。

とくに、中小零細企業の場合、5、6人の規模で次から次へと有給休暇の取得を言われたのでは、もちろん業務の都合上その他の日にしてほしいと取得日を変更してもらう時季変更権はありますが、会社は回らなくなってしまうのではないかと思います。

そこで、私のアイデアですが、次のように有給休暇を計画的に付与したらいかがでしょうか。

●特徴ある就業条件をつくる

・基本条件

① 年間10日以上有給休暇が付与される従業員が対象（パートも10日以上あれば対象）

② 付与日数の5日は基準日（付与日）から1年以内に取得。

あくまでも2019年4月1日から基準日を迎える方が対象になります。3月31日に基準日を迎える方は2020年の3月31日から対象になります。

③　会社はて本人の希望を考慮して時季を指定して取得させせなければならない。
④　従業員が自分から申し出た日数は5日から除かれる。
・その1　従来どおり従業員の希望にそって与え、5日取得したかどうか定期的にチェックして、5日未満になりそうなものを希望を考慮して時期を指定して与える。
・その2　年末年始連続休暇の計画年休の導入（従来の休暇規程を拡大）。
①　夏休み　8月12日～16日の5日間をさらに2日延長
②　正月休み　12月30日～1月4日までの6日間をさらに2日延長
③　ゴールデンウィークの期間を1日か2日延長
この延長した日を有給休暇の計画的付与の対象の日とする。

この計画有給は、会社の有給休暇の取得の実態において3日間とするなどいろいろ対策あり。
・その3　有給休暇デーをつくる
①　創業記念日休暇　社員の誕生日休暇　親睦旅行休暇
②　結婚記念日休暇　奥様誕生日休暇　子供授業参観休暇
これらの休暇を有給休暇の計画的付与の対象の日とする。

有給休暇取得の基準日は、15人いれば15通りの基準日となり、管理が面倒ですが、毎年4月1日を統一基準日とするか、毎月1日を入社の基準日とすれば、人数が多くても12パターンの基準日で対応できます。10人未満の零細企業であれば、基本である入社日ごとの基準日の対応で管理すればいいのではないかと思います。

いかがでしょうか。思いつくままに3つのパターンを掲載してみました。

年末年始有給休暇拡大方式であれば、零細企業でもこの5日間の有給休暇の取得は年間で業務にあまり影響を与えない状況ではないでしょうか。

5日間の有給休暇が義務化になったがどのように与えるべきか迷われたのではないかと思いますが、この休暇制度を考えれば、意外とすんなり整理がしやすいのではないかと思います。

もう1つの有給休暇デーのアイデアは、働く従業員さんに大変喜んでいただける内容ではないかと思います。とくに、奥様には感謝していただける休暇制度のはずです。

あなたの会社において、従業員の奥様を味方にしておく、そして理解者にしておくことは、人手不足の今日においては、重要な取組みになってくるのではないかと思います。

有給休暇の法定付与日数

ところで、有給休暇の法定付与日数は、図表13のように定められています。

これを見られていかがですか。正社員だけではなく、パート労働者も6か月以上勤務したら原則有給休暇の権利が発生します。もちろん、週の労働日数により比例付与ということで正社員よりも少なくなっていますが…。

前述の会社の場合、会社から5日間の有給休暇を付与したとしても、6年6か月以上勤務してい

【図表 13　有給休暇の付与日数】

年次有給休暇の付与日数は法律で決まっています

業種、業態にかかわらず、また、正社員、パートタイム労働者などの区分なく、一定の要件を満たした全ての労働者に対して、年次有給休暇を与えなければなりません（労働基準法第39条）。

1　年次有給休暇の付与日数

（1）通常の労働者の付与日数

継続勤務年数	0.5	1.5	2.5	3.5	4.5	5.5	6.5以上
付与日数	10	11	12	14	16	18	20

（2）週所定労働日数が4日以下かつ週所定労働時間が30時間未満の労働者の付与日数

	週所定労働日数	1年間の所定労働日数※	継続勤務年数						
			0.5	1.5	2.5	3.5	4.5	5.5	6.5以上
付与日数	4日	169日～216日	7日	8日	9日	10日	12日	13日	15日
	3日	121日～168日	5日	6日	6日	8日	9日	10日	11日
	2日	73日～120日	3日	4日	4日	5日	6日	6日	7日
	1日	48日～72日	1日	2日	2日	2日	3日	3日	3日

※週以外の期間によって労働日数が定められている場合

出所：厚生労働省ホームページより

る方に対しては、20日間の権利があるわけです。したがって、５日間付与しても20日－５日で15日間残っています。この15日間については、本人から請求があれば原則付与しなければなりません。

こうなれば、前述の年末年始休暇等についても、本人からの請求によるさらなる日数の拡大とか、有給休暇デーの拡大、また、毎月1回のリフレッシュ休暇制度などを設けて運営していくことが必要となってきます。

なお、本人から請求がなければ、最低5日間は付与しているので労働基準法違反にはなりません。しかしながら、現実問題、零細企業では、有給休暇を与えていたら仕事が回らなくなってしまいます。そのため、「法律違反だろうが、有給休暇付与はうちの会社では無理なので、有給休暇の買取りをしてはいけないか」とのご質問もよくあります。

現在の労働基準監督署の見解では、退社時のみこの有給休暇の買取りを認めているようで、それ以外の買取りは違法ということになってきます。

抜本的な対応とまではいきませんが、このような雇用の仕組みづくりなども、労働基準法などの基本をマスターしていれば対応できるわけです。

残業規制とのダブルパンチ

繰返しになりますが、２０００年4月からは、中小企業でも残業規制の法律が適用されます。月１００時間以上残業させてはならない、連続毎月80時間を超えて働かせてはいけないなどという法律も適用になってきます。

これまでは、オーバーしても残業代がしっかり支払われていれば問題ありませんでした。しかし、これからは、労働基準法違反になってしまうのです。

この項では、定年から見た将来予想人数に焦点を当てて考えてきましたが、２０１８年に成立した働き方改革により、あなたの会社の将来必要とされる従業員は、対応如何で他社へ転職してしまうということが十分予想されるのです。

そのようにならないためにも、とくに社長さんには労働関連法の基本をマスターしてもらうべきだと考え、巻末資料に一番重要な労働基準法と労働契約法の主要な条文と私なりの解説も掲載しました。ぜひ、ご参考にしていただけたら幸いです。

２　限定正社員、短時間正社員導入やフレックスタイム制などの考え方は

約４割が非正規社員という現実

ここでは、正社員以外の雇用の考え方を労働基準法を基本に考えてみたいと思います。

そもそも正社員とは何なのでしょうか。読者の社長さんで、ハッキリ答えられる人は少ないのではないでしょうか。わかりきっているようでわかっていないのではないかと思います。労働基準法に明確な定めがあるわけではありません。一般的には、始業から終業まで働いて、定年まで勤続し

てくれる方となるのではないかと思います。

一方、短時間労働者とは、あなたの会社に始業から終業までのフルタイムで働いてくれない方ということになってきます。また、あなたの会社がお昼休憩時間を除いて8時間勤務であれば、それより短い勤務の労働者は短時間労働者ということになってきます。

さらに、正社員と同じ勤務時間で働いていても、1年間とか6か月間とかの雇用期間の定めがある方については、契約社員と定義づけています。

一般的に非正規社員とは、このような勤務時間の短い方や、雇用の期間に定めがある方を指しています。ところで、現在の日本の雇用状況は、前掲の図表4のように、約4割が非正規社員となっています。

正規社員との待遇格差禁止

今回の働き方改革の法律の改正で、中小企業は、２０２１年4月から、正規雇用労働者と非正規雇用労働者の間の不合理な待遇格差が禁止されることになりました。いわゆる同一労働同一賃金が義務化されるわけです。

あなたの会社に正規社員と同程度の内容の業務をしている非正規社員がおり、正社員だけが住宅手当とか家族手当などを支給されている場合は、非正規の方にも住宅手当や家族手当をつけなさいということです。

したがって、今後は、あなたはパートだからと安易に手当に差をつけるような雇用契約を締結することはできなくなってくるということです。差をつけるのであれば、職務内容や責任の度合など、明確に違うとか、パートさんに何故手当がつかないかなど、客観的な理由が必要となってきます。

従業員10人前後の中小零細企業とすれば、これを機に、最初から正規・非正規などと手当などは区分しないで、同じで処遇をしていけば、逆にパートさんなどのモチベーションアップにもつながっていくのではないかと思います。

限定正社員制度とは

次に、限定正社員制度について考えてみたいと思います。

週4日勤務制

皆さんは、週4日勤務制といった話を聞いたことがあると思います。この仕組みは、図表14のようなイメージです。

1日8時間週5日間勤務で8×5＝40時間のトータルの40時間は変えないで、1日10時間週4日間勤務10×4＝40時間、つまり週4日で勤務するという仕組みです。トータルの勤務時間が変わらないので、給与がダウンするわけではありません。日本では一時ユニクロなどが採用し話題になったので記憶に新しいのではないかと思います。

これも、家庭の主婦などには受ける働き方の1つではないでしょうか。

【図表14　週休２日制と週休３日制のイメージ】

出勤日数	日	月	火	水	木	金	土
週５日勤務	休日	8	8	8	8	8	休日
週４日勤務	休日	10	10	休日	10	10	休日

短時間正社員

短時間正社員というのは、１日の勤務時間も週のトータルの勤務時間も短い非正規社員を正社員として処遇するということです。

社長さんは、ここで思われたことでしょう。「それでは、一般の正社員との違いはないのではないか」と…。

先日、派遣会社の担当者と話していたら、今は、１日５時間とか４時間の短時間でなら働きたいと思っている主婦の方が結構多いというのです。

それならば、そのような主婦層を対象とした１日５時間勤務の正社員制度というのは、意外とインパクトがあるのではないでしょうか。

正社員と非正規社員の処遇例を示すと、次のようになります。

・正社員…勤務時間１日８時間、社会保険・雇用保険加入、退職金加入、無期雇用
・非正規社員…勤務時間１日４時間、雇用保険のみ加入、有期雇用
・短時間正社員…勤務時間１日５時間、社会保険・雇用保険加入、退職金加入、無期雇用

このように正規社員と短時間正社員の違いは、１日の勤務時間と勤務時間が短いことによる賃金の差や退職金の格差ぐらいしかないのではないかと思います。

ちなみに、ドイツは、労働時間が世界で最も短い国として有名で、年間労働時間が日本の1713時間に対して1369時間となっており、何と1日当たり平均で5・65時間なのです。8時間ではなく約6時間なのです。

ドイツは、労働生産性が世界第8位です。ドイツのような事例を考えると、1日5時間・6時間勤務の短時間正社員制度は十分納得のできる制度ではないかと思います。

よく聞くのは、残業の多い社員ほど能率が悪いという話です。したがって、家庭の主婦で、子供の関係で8時間は勤務できないが、6時間か5時間でしっかり働いてもらうという制度は、下手な社員よりも能力が高いというケースもあるのではないかと思います。ぜひ、この短時間正社員制度も、あなたの会社で考えてみてもいいと思います。

フレックスタイム制

続いて、フレックスタイム制について考えてみたいと思います。

この制度も働き方改革の一環の中で改正がありました。

従来、清算期間の長さは1か月以内と定められていましたが、2019年4月からは上限が3か月以内に改正されました。フレックスタイム制をより柔軟に活用できるようにとの理由からです。

フレックスタイム制を導入している中小企業は少ないのが現実ですが、これだけ人手不足が深刻化している現在の日本では、前述の短時間正社員制度と同様、十分に検討してみる価値はあると思います。

この仕組みは簡単で、出社と退社の時刻を各労働者が自由に決められるのがミソです。一般的なフレックスタイム制は、１日の労働時間を、必ず勤務すべき時間帯（コアタイム）と、その時間帯の中であればいつ出社または退社してもよい時間帯（フレキシブルタイム）とに分けています。

この制度は、比較的大きな会社で導入さる傾向があります。理由は、勤務時間分散による業務への影響が少ないためと言われています。中小零細企業では、特定の従業員に負担が生じたり、取引先に迷惑がかかるなど、労務管理が大変になるなどと言ったことが避けられる理由です。

このフレックスタイム制は、いかがでしょうか。効率的に時間配分を行うことで、残業の削減とか、中小零細企業で一番必要な優秀な人材採用につながる可能性のある制度ではあると思います。もっとも、10人未満の零細企業では、やや無理がある制度であることも否めません。

3　両親の介護による介護離職はどれくらいいるか

介護離職の実態

ここでは、最近にわかにクローズアップされてきている介護離職について考えてみたいと思います。

図表15は、厚生労働省の調査による介護離職者の実態資料です。

【図表15　年齢階級別介護離職者数】

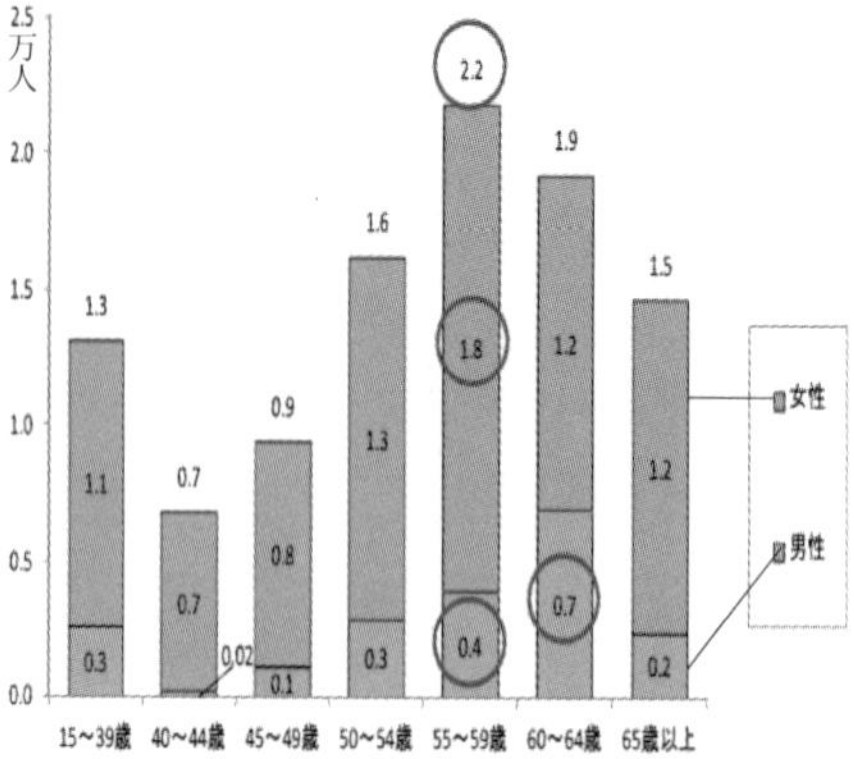

出所：総務省「就業構造基本調査（2012年）」より作成

図表15を見ると、男女とも55歳から64歳での介護離職が一番多いのがわかります。これは毎年増加してきています。55歳から64歳という爛熟期のときに、親の介護で退職せざるを得ないという現実が見て取れます。あなたの会社の従業員さんは大丈夫ですか。

家庭環境も踏まえたコミニケーション

日頃から従業員さんとのコミニケーションを密にして、家族状況を理解していないと、ある日突然退職しますと言われてしまうかもしれません。この退職は、覆すことはできないでしょう。フレックスタイムとかなどの多様な働き方で会社に残ってくれとお願いしても、この年代の人が言い出したら、そのことを覆すことは大変難しいと思います。

ベテランの退職は、会社経営に大きなダメージを与えかねません。このような介護離職というのは、今後多くなってくるのが目に見えています。

ぜひ、この機会に、あなたの会社の従業員の家族状況を調べ、介護離職の可能性がある従業員がいないか今1度確認をしておくべきだと考えます。

日頃から家庭環境も踏まえたコミニケーションができていれば、介護の問題は抱えていても、会社のために何とか踏ん張って働いてくれるということにもつながるのではないかと思います。

仮に、あなたの会社の右腕ともいうべき55歳ベテランが、突然退職したらどうしますか。たとえ人員は補充できても、ベテランの仕事がこなせるまでに育て上げるのに何年かかるでしょう。

私の身近でも、この介護離職のお話は、時折聞かれるようになってきました。

4　将来あなたの会社の従業員規模はどれくらいが適正か

人手不足を踏まえた従業員規模

将来あなたの会社の従業員規模はどれくらいかと聞かれれば、大半が、現状の人数と売上をいくらか拡大して想定するのではないかと思います。

従業員の適正人数の回答など、正直どこにもないと思います。１つの考え方としては、あなたの会社の家族と従業員が食べていける目標収入があると思います。その目標収入が年間５，０００万円であれば、どれだけの売上があればそれが確保できるか予想が立てられると思います。

業種によってもこの金額が相違してくると思いますが、われわれのような士業であれば、一概に言えないものの、給料すなわち収入の倍の１億円の売上があればやっていけるでしょう。

この１億円に対して、最低でも１人７００万円の売上が必要であれば、職員は約15名いるということになってきます。この目標収入をどこに置くかによって、適正従業員の規模は見えてくるのです。

現在のあなたの会社の人数が、目標とする規模とどれくらいの乖離があるかは、いろいろな考え方があるので、どの考えが正解とは言えないというのが私の正直な気持ちです。

ただ、言えることは、空前の人手不足と働き方改革により、人の雇用は売上同様の経営上の大きなウエイトを占めてくるということです。

従業員が幸福を感じる視点

私は、経営コンサルタントではないので、経営についてはあまり披露できませんが、法政大学の坂本光司先生のベストセラー本である「日本で一番大切にしたい会社」（あさ出版刊）の中で、本当に従業員が幸福を感じて成功している会社の条件として、次のような視点が上げられています

・その1　儲かるか儲からない視点ではない
・その2　他社に勝つか負けるかの視点ではないか
・その3　それが正しいか正しくないかという視点
・その4　どんな判断をすることが社員のため、お客様のため、地域社会のためになるのかという視点
・その5　その決断にやましいところはないか

このような視点に立った成功している会社がいくつか紹介されていますが、このような視点で考

えていけばあなたの会社の適正な売上・従業数はどれだけの計画をすればいいのか自ずと見えてくるのではないかと思います。社員・お客様・地域社会のためというしっかりした考えがあれば、前章で記載した１００年企業にもつながっていくのではないかと思います。

以前、私の顧問先の社長のお母さんが亡くなられ、お葬式に参列しました。後で聞いた話ですが、その社長は、お母さんが亡くなったにもかかわらず、終始これは儲かる儲からないの商売の話をされていたということでした。どんなことを話すのも自由ですが、お母さんの葬式のときです。いかがなものでしょうか。風の噂ですが、現在経営状態が大変悪化しているとのことです。

私も社労士事務所をやっているといろいろなところからこれをやれば売上倍になるとか、数年で大事務所になったとかＤＭがよくきます。それはそれでいいと思いますが、坂本先生の言われるように先程の視点で物事を冷静に考えていけば、迷いはすくなくなってくるのではないかと思います。

そして、しっかりした経営ができてくるのではないかと思います。

5　派遣労働者でどこまで対応できるか

派遣の厳密化

派遣労働についても今回の働き方改革で改正がありました。

また、過日、特定派遣から許可派遣への変更の手続の依頼があり、許可申請の業務をさせていただきましたが、特定派遣の届出業務とは比較にならないほど、厳密になったことにはおどろかされました。

さらに、ある研修会で派遣会社の社員と話をしていたら、「派遣するにも人がいないので商売にならない」と嘆息されていました。

私の顧問先にも何社か派遣会社がありますが、派遣はすべて許可制となり、特定派遣ができなくなり、日雇い派遣の原則禁止とか、抵触日の設定による派遣期間の制限などの改正が行われました。

加えて、今回の改正では、働き方改革の一環として、同一労働同一賃金の実現が定められました。

その結果、改正派遣法は、26条7項で「労働者派遣の役務の提供を受けようとする者は第一項の規定により労働者派遣契約を締結するに当たっては、あらかじめ派遣元事業主に対し、厚生労働省令で定めるところにより、当該労働者派遣に係る派遣労働者が従事する業務ごとに、比較対象労働者の賃金その他の待遇に関する情報その他の厚生労働省令で定める情報を提供しなければならない」と規定されています。すなわち、簡単にいえば、派遣先企業が待遇に関する情報を派遣元企業に提供しなければならないという情報提供義務が新設されたのです。

このように派遣会社にからんだ改正は、今回の働き方改革により、さらに進展したのではないかと思います。

例えば、原則、派遣労働者が派遣される期間は、派遣先の通常の労働者と基本給や賞与といった給与において、情報提供を受けた派遣先労働者より低い水準の給与にすることができないということになりました。

もっとも、それでは派遣元企業が大変な人件費負担をしなければいけないケースも出てくるということで、労働者の過半数で組織する労働組合があるときはその労働組合と、ないときは労働者の過半数を代表する労働者代表との労使協定により、待遇格差と差別的取扱いの禁止事項などの適用除外とすることが認められています。

したがって、小規模の派遣会社は、今後、この適用除外の労使協定は必ず締結しておくことが働き方改革の１つの対応策になるのではないかと思います。中小企業は２０２１年４月からスタートされました。

賢い派遣労働者の活用

このような改正を踏まえて、派遣労働者を中小零細企業が有効に活用していけば、今日の人手不足の解決策の選択肢が見えてくるのではないかと思います。うまく活用できれば有効な対策というわけです。

パート労働者の雇用との対比という視点で見れば、派遣社員は時給単価はアップしますが、労働保険料や社会保険料などの費用を軽減することができます。あなたの会社の直接雇用の労働者ではないので、社会保険等の人件費のあまり掛からない雇用対策の１つなのです。

また、数々の労働法では、派遣元の会社が関係法令を遵守することを定めています。したがって、パート的な雇用から、フルタイムでのケースなど、あなたの会社にうまくマッチングした雇用形態に派遣労働者を活用すれば、人手不足対策の1つとして有効でしょう。

場合によっては、派遣で来ていた方を正社員として直接雇用するという方法もあります。実際に、派遣で来てもらった方について、派遣会社と話をつけた上で、直接雇用をした事例もあります。

派遣社員を雇うときの注意点

ただし、注意しなければいけないのは、派遣で働く方は基本的に長期雇用を前提としていないので、正社員のように将来の幹部にというような雇用は難しいと考えたほうがいいかもしれないということです。

極端な事例かもしれませんが、顧問先の派遣会社の社員で放火をして逮捕されたケースがありました。会社としては、すぐ懲戒解雇処分をしましたが、このようにどのような方が派遣でこられるかわからいというリスクはあります。

また、ある有名な会社で大量の個人情報の流失事件がありましたが、その流失の原因は派遣会社からの派遣社員が原因だったようです。

いかがでしょうか。私の顧問先の中小零細企業では、派遣社員を採用して会社を回しているケースはあまり聞いたことがありませんが、これだけ人手不足が深刻化していくならば、選択肢の1つとして真剣に検討してみる価値があるのではないでしょうか。

さらに、派遣社員を雇うときの注意点を上げておきます。

労働者派遣法の改正によって、派遣労働者を３年以上雇用した場合、次の雇用安定措置を取なければならないとされています。

・派遣先企業と直接雇用契約を結ぶ
・別の派遣先で働く
・派遣元企業と無期雇用契約を結ぶ
・派遣元企業がその他雇用安定措置を講じる

このような期間制限は、２０１５年10月1日に施行され、同日以降に開始された派遣就労に適用があります。

つまり、派遣として3年以上同じ派遣先で働いてもらうことはできないということです。したがって、３年以上働いてもらいたい場合は、あなたの会社が直接雇用をするか、派遣会社が派遣労働者と無期雇用の契約をしてもらって来てもらうといった対応をする必要があります。

派遣労働者を活用したときの、中小零細企業のポイントをまとめておきます。

・その1　求人雑誌など求人にかける募集媒体などの費用がかからない（求人誌などは、毎月10万円前後の経費がかかることがある）。
・その2　1日の勤務時間3時間とか、1週に3日勤務とか、フルタイムで働いてもらうとか、会社の実態に応じた雇用が可能。

この2つのポイントからもご理解いただけると思いますが、10人前後の会社では、求人対策まで十分に手が回らいのが現状かと思います。また、働き方改革で、労働時間の限度管理とか有給休暇の管理とか事業主に求められる管理が厳しくなっていますが、派遣の場合は自社の社員ほど求められないなど、労務管理が比較的しやすいといったメリットもあります。

いかがでしょうか。これまで派遣労働者を活用してこなかった会社でも一度検討の余地はあるのではないでしょうか。

6　ＡＩ、業務委託でどこまで対応できるか

ＡＩは

働き方改革の生産性向上の切り札的なＡＩ（人工知能）について考えてみたいとおもいます。

ＡＩといえば、連動してＩＯＴ（モノのインターネット）、ビッグデータといった最新のテクノロジーが連日のように、新聞やテレビで紹介されています。

この30年ほどの間に、ＩＴ革命とかネット革命、さらにはＡＩ革命・ＩＯＴ革命と言われ、多くの中小零細企業の社長さんはついていくのがやっとだと思われているかもしれません。

しかし、振り返ってみれば、もちろん大きく変わった面もありますが、中小零細企業の経営においては30年前とそれほど大幅に変わったとは思えません。読者の社長さんも私と同じような感覚で

はないでしょうか。

われわれの業界でも、ＡＩ革命の流れを受けて、社会保険関係の事務をＩＴ化させる中で、業務の効率化が進んだといった話もちらちらと聞かれるようになってきました。確かにわれわれのような事務系の業務であれば、ＡＩ化はそれなりの業績アップにつながっていきます。

また、製造関係の現場においても、ロボット化とか自動運転などの業務の効率化や生産性アップがマスコミ等で報道されており、すごい技術ができているなと感心することがあります。

しかし、中小零細企業の社長さんは、私を初めとして、実態はどうなのかと思い巡らしているのではないと思います。

シュミレーションに見るＡＩ

ここで、１つシュミレーションしてみたいと思います。

従業員１０００人の会社で、ＡＩのロボットを入れた場合、仮に2時間の労働時間の短縮ができたとすれば、会社全体では、１日で２０００時間、１か月20日間勤務とすれば1か月で4万時間、1年で48万時間、これを時給1，０００円で計算すると4億8，０００万円の効果が測定できます。

これが従業員10人の会社であれば、１日20時間、１か月４００時間、１年で４８００時間となり、時給1，０００円で計算すれば４８０万円の効果となります。

大手と中小零細とでは、何と4億8，０００万円と４８０万円の格差です。したがって、大企業ではＡＩロボットの投資は十分効果が発揮できます。

大企業であれば、１，０００万円のＡＩロボットを仮に48機導入しても、約1年でもとがとれます。２年で考えれば96機も設備投資ができるのです。しかし、従業員10人の中小零細会社が1，000万円のＡＩを導入した場合は、その回収に約2年以上かかるのです。

このように大企業と中小零細企業では、ＡＩ投資に対する効果はかなり違ってきます。ということは、10人前後の中小零細企業では、比較的軽い投資で可能な事務系のＩＴ化はできても、高額の費用のかかるＡＩロボットなどの投資は現実難しいのではないかと思います。

ＡＩロボットに代わる効率化は

それでは、ＡＩロボットで時間短縮ができない２時間の労働時間をいかに短縮できるかです。

ありきたりかもしれませんが、再度、従業員のやっている業務を詳細に分析して、今以上に効率化できないか、従業員と一体になって考えていく必要があります。

数千万円のハイテクの機械が導入できないのであれば、その分、汗を流して業務の効率化を考えなければ、どんどん時代の流れに取り残されていくことになってしまいます。

真剣に業務の効率化を考えていく中で、あのレベルの機械であれば、自社で導入しても採算が合うかどうかなど、いくつか課題点が必ず見えてくると思います。

また、中小零細企業では、従業員の教育研修などには投資を惜しまずどんどんやっていくべきだと思います。教育研修には基本的に大きな費用もかからないし、中には助成金など活用できるケースもあります。

中小零細企業においては、大きな機械投資ができない分、人への教育研修などの投資を大企業以上にやることにより、大企業には真似のできない小回りの利いたサービス・商品の提供が可能になってくるのではないかと思います。

人手不足が懸念されますが、従業員が育ってくれれば、比較的退職のリスクも減少して、この従業員が自分の知り合いをあなたの会社に推薦してくれるようになってくれるかもしれません。

再度、会社の業務内容を大きく分けて分析すると、次の３つのタイプに区分できるのではないかと思います。

・その1　工場における生産などの定型業務
・その2　会社の事務・経理などの定型業務
・その3　企画営業などの非定型業務

あなたの会社の業務も、大半はこの３つに区分けして考えることができるはずです。

現在言われているＡＩ、ＩＯＴなどのシステムは、その1とその2の定型業務の効率化に結びつくものです。

しかし、その3の営業などの非定型業務は、中小零細企業も大企業とは変わらない業務と考えられますから、この非定型業務を伸ばせば、その1その2で遅れている部分を巻返しできるのではないかと思います。

この営業などの非定型業務は、インターネットの活用などで大企業と同等に対抗できるといえます。

また、中小零細企業の社長は、日常から従業員と直接に接しているので、大企業には真似のできない従業員の教育と育成ができます。それだけに、あなたの会社にしかできないオリジナルの商品・サービスの提供ができるのではなかと思います。

癒しの対応を目指す

これまで紹介してきたように、いくらハイテクの機械が出てきても、それに振り回されないあなたの会社の独自のサービス・商品があれば、恐れることはないと思います。

例えば、毎日メールがいっぱい来ますが、あまり感動がありません。しかし、1枚のハガキに愛情のこもったメッセージがあるとどれだけ感動することでしょうか。実は、ここにポイントがあるのです。

いくらハイテクが進んでも、人の心の感動はなかなか変わりません。例えば、お客様が何か仕事のことであなたの会社の相談に来たとき、仮にハイテクのＡＩのお客様対応のロボットが自動対応したとしましょう。

ロボットは、お客様の言葉の裏に隠された思いや感情の動きを読めるでしょうか。お客様の本音と建前の部分を読み取ることはできないと思います。この表に現れない人の心の奥にある本音感情の読取りは、ＡＩなどのロボットにはできない業務なのです。

ビジネスは、お客様の本音である感情を読み取っていかなければ、勝ち残ってはいけません。この感情（ある意味で癒しと考えられます）というものは、どれだけハイテクの技術が進歩しても、人間の本来の持っているものであり、機械には絶対に代行できない世界でしょう。

多少飛躍しているかもしれませんが、仮にあなたの上司がロボットだとします。朝会社に来て、ロボットである上司に挨拶した場合、機械的なおはようの返事には心に感じるものはないと思います。

また、部下が仕事で落ち込んでいても、上司であるロボットには、部下の心の中身を理解できません。上司が人間であれば、おや顔色が悪いな、どうしたのとか心配してくれ、相談にも乗ってくれる可能性があります。

このように、人間の場合は、心の奥にある、わかってもらいたいなどの癒しの対応ができるわけです。

さらに、表面的な業務の効率化は、ＡＩでもある程度可能でしょうが、人間そのもののやる気にまでかかわることは難しいかと思います。このやる気がなければ、会社は瞬く間に衰退してしまい、やがて倒産にまで行きかねないでしょう。

したがって、いかにＡＩが進んでいこうと、経営の一番重要な従業員のモチベーションまで変えることはできないと思います。昨今の新聞報道などを見ていると、ＡＩによりどんどんなくなる仕事などが紹介され、危機感を持たれている方も多いようですが、私はそれほど世界は変わってはいかないと思っています。

この根本的なところを理解していれば、ＡＩを有効活用することは必要でしょうが、ロボットに振り回されることはなくなってくるはずです。

30年前には、インターネットが誕生して世界が劇的に変わると言われましたが、携帯電話からスマホやアイホンに切りかわる程度で、それほどの環境変化はなかったと思います。

人とモノがインターネットで多くがつながる時代がくるかと思いますが、この人の心まで変わらない限り、報道されているようには変わっていかないと思います。江戸時代の人と現代人の間でも、この心の世界はほとんど変化していないので、先人の偉大なる格言などが現在の人の心に生き続けているといえます。

7　テレワーク、副業、兼業はどこまで活用できるか

テレワーク・在宅勤務は

テレワークとは、在宅勤務のことです。昨今のコロナ禍では大変活用されました。

雇用関係にある従業員が、会社に出社せず、自宅で情報通信機器を活用して働く勤務形態をいい

ます。最近では、自宅に近い小規模なオフィスで勤務する「サテライトオフィス勤務」や、パソコン・タブレット等を活用して柔軟な勤務場所で働く「モバイルワーク」などもあるようです。

会社側のメリットとしては、介護等の理由による離職の防止、オフィス賃料や電気代などの削減、災害などにおける事業の継続性の確保などがあげられると思います。

一方、デメリットとしては、勤務時間の管理や健康管理などがしにくい、また目視できないので人事評価がしにくいなどの傾向があるのではないかとされています。

このような傾向を踏まえた場合、中小零細企業での活用はいかがでしょうか。私は、労務管理が十分できない、中小零細企業特有の強みであるフェイスツーフェイスといったコミニケーションが取りづらい傾向を懸念します。

したがって、テレワーク勤務は、やはり大企業においては効果は望める働き方でしょうが、中小零細企業ではなかなか導入しにくいのではないかと考えられます。

とくに、労働時間の適用においては、みなし労働時間制の適用の懸念です。労基法には、労働者が「事業場外で業務に従事した場合において、労働時間を算定しがたいときは、所定労働時間労働したものとみなす」という定めがあります。

在宅勤務は、当然、自宅での勤務となるため、勤務時間と日常の生活の時間が混合してしまう可能性が十分あります。そのため、在宅勤務は「労働時間を算定し難いとき」に該当し、みなし労働時間制が適用できるのではないかと考えられます。

中小零細企業の社長のスタンスとして、あの人は8時間労働をしていたと素直に受け取れるでしょうか。ただでさえ少人数でやっている会社です。みなし労働時間制の導入は、会社自体がある程度の規模以上にならないと難しいものがあるのではないかと思われます。

いかがでしょうか。みなし労働時間制の運用であれば、請負で業務委託という選択もあると思います。

副業・兼業は

次に副業を考えてみたいと思います。

現在の多くの企業は、就業規則に「会社の許可なく他の会社の業務についてはならない」と、兼職禁止の規定を定めを設けています。

しかし、今回の働き方改革の一環として、副業・兼業を推進していく方向性を打ち出してきました。政府は、働き方改革の実行計画において、労働者の健康確保に留意しつつ、原則として副業・兼業を認める方向で、その推進を図ることを明言しています。

私は、社会保険労務士の業務をしているので、厚生労働省から副業・兼業の就業規則のひな形が出てきたときには、内心驚いたことを思い出します。多くの会社が副業・兼業の禁止規定をしている中で、まさか副業・兼業の推進を促す就業規則のひな形が出てくるとは思ってもいませんでした。

この制度で注意する点は、副業・兼業したときの労働時間です。労基法38条には、「労働時間は、事業所を異にする場合においても、労働時間に関する規定の適用については通算する」と規定されています。事業所を異にするとは、事業主が相違するときも含まれています。

どういうことかと言えば、Aという会社で8時間勤務し、Bというアルバイト先で4時間勤務したときは、通算するのでアルバイトの4時間は時間外労働となり、割増賃金の対象になってきます。

その割増賃金は、行政通達では、あとの会社に支払義務があります。

副業のメリット・デメリット

副業のイメージ少し湧いてきましたか。ここで、副業のメリット・デメリットについて考えてみたいと思います。

●メリット

・その1　離職せずとも別に仕事ができる
・その2　本業とは別にやりたい仕事ができる
・その3　収入が増える
・その4　社内では得られないスキルを得ることができる

●デメリット

・その1　労働時間が長くなってしまう
・その2　本業に支障が出る可能性がある

・その3　労働者の総労働時間の把握や健康管理が難しい
・その4　企業秘密が漏洩する可能性がある
数年前まではどこの企業でも競業避止義務の規定があり、副業というのはなかなか難しいというのが実態でした。そのため、会社に内緒で夜のお店でホステスをしていた女性も多かったのではないでしょうか。

つい最近は、顧問先の雇用保険の加入の手続で調べていたら、3社掛け持ちで働いている人がいました。これには私も社長もビックリしたものです。

いずれにしても、このように副業・兼業は、想像以上に進んでいると実感しました。

これらを踏まえて、中小零細企業の社長であるあなたは、自社で兼業・副業の方を採用してみたいと思われましたでしょうか。

私は、中小零細企業では、兼業・副業の方の採用は、中小企業ならではのチームワークなどのことを考えていくならば、アルバイトなどの採用が理にかなっているのではないかと思います。

この項では、テレワーク、副業・兼業というキーワードで考えてみましたが、これらの雇用対策は、大企業では導入しやすい制度かもしれませんが、中小零細企業ではやや導入は難しい面が多いのではないかと思われます。

第4章　雇用ゼロ、フリーランス（個人経営）の時代がやってくる!?

1　雇用は知識集約型企業から資本集約型企業にシフトしていく

雇用はどんどん大手企業に流れる

ここまでいろいろな雇用形態について考えてきました。主婦パート、高齢者雇用、外国人雇用、派遣など、様々な視点でこの雇用について中小零細企業の視点で見てきました。

社長は、これらの雇用対策で会社は乗り切れるとお思われましたか、それとも難しいと感じられましたか。

過日、顧問先である中小零細企業の自動車整備会社の社長が来られて、東京の人材派遣会社からの自動車整備士の人材紹介について、相談を受けました。

その内容は、これまで職安を主体とした求人を行っていたため、東京の全く知らない人材派遣会社からの紹介は信頼してもいいのかどうかということでした。

私も、金沢のような地方にまで、東京の人材派遣会社がアプローチしてきていることに驚きを感じました。また、それ以上に紹介料の高さにも驚ろかされました。

石川県などの紹介料の相場は、年収の25％～30％です。ところが、何と年収の35％だというのです。そこまで取るのかという感じでした。

年収３００万円の35％であれば、約１０５万円の手数料です。採用後、この人はだめだと退職してもらっても、この手数料は変わりません。紹介の方が勝手に来なくなった場合は、１か月以内であれば80％返金となっているようですが、そのようなケースは考えにくいでしょう。

結局、この社長さんは、「整備士として育てる時間を考えれば、この手数料は仕方ないかな」などと、一応は納得されていました。

これが派遣会社の人材紹介の実態です。自動車整備業の場合は、工場の認可基準があり、一定の整備士がいないと営業できないという現実があります。このような業態は、その他の業種でもあると思われますが、もし、整備士が基準未達であれば、廃業となってしまいます。どんなにお客様を持っていても廃業せざるを得ないのです。

ここで紹介した事例のように、雇用は、どんどん難しくなり、大手企業に流れ、小規模企業ではそのための対策費用が増えてくるのではないでしょうか。

個人事業主化

図表16は、日本の平成28年度の従業員規模別の会社数です。

それによれば、日本の事業所総数５，３４０，７８３に対して１名から４名の事業所数が３，０４７，１１０と、約６割を占めています。仮に１事業所３名の従業員がいるとすれば、約１０００万人、約５人に１人は零細企業の従業員ということになります。

働き方改革が進展して、ワークライフバランスが浸透していけば、この零細企業の従業員はより

【図表16　産業、事業所数と従業者数（平成28年）】

産業	総数	1～4人	5～9	10～19	20～29	30～49	50～99	100～199	200～299	300人以上
事業所数										
全産業	5,340,783	3,047,110	1,057,293	649,836	232,601	163,074	100,428	39,002	10,454	12,223
1 農林漁業（個人経営を除く）	32,676	11,199	9,331	7,254	2,391	1,448	605	118	29	6
2 鉱業、採石業、砂利採取業	1,851	695	535	377	124	63	19	6	1	3
3 建設業	492,734	277,364	120,899	60,627	16,417	10,421	4,623	1,249	243	248
4 製造業	454,800	214,020	93,958	63,479	28,841	22,166	17,249	8,291	2,481	3,259
5 電気・ガス・熱供給・水道業	4,654	1,168	764	845	419	369	641	255	62	56
6 情報通信業	63,574	28,851	12,068	8,660	3,826	3,652	3,091	1,648	483	769
7 運輸業、郵便業	130,459	38,040	22,808	26,686	13,989	13,261	9,371	3,671	888	708
8 卸売業、小売業	1,355,060	760,706	292,638	177,270	55,114	32,380	19,112	6,794	1,384	1,189
9 金融業、保険業	84,041	28,813	16,440	18,646	8,233	6,466	3,155	822	242	341
10 不動産業、物品賃貸業	353,155	289,832	39,565	13,989	3,818	2,361	1,256	557	153	185
11 学術研究、専門・技術サービス	223,439	150,206	41,411	17,940	5,036	3,749	2,480	1,055	353	456
12 宿泊業、飲食サービス業	696,396	401,064	143,077	88,000	33,693	19,583	7,038	1,241	279	263
13 生活関連サ1)	470,713	366,663	52,706	26,492	9,756	6,956	4,013	1,000	146	137
14 教育、学習支援業	167,662	104,550	24,806	17,588	7,548	5,395	2,979	1,149	277	542
15 医療、福祉	429,173	144,863	120,202	85,127	30,051	23,071	15,449	5,713	1,617	2,017
16 複合サービス事業	33,780	13,815	11,986	5,005	981	475	531	526	204	193
17 サービス業2)	346,616	215,261	54,099	31,851	12,364	11,258	8,816	4,907	1,612	1,851

出所：総務省統計局ホームページ

労働条件のいい大きな会社へとシフトしていくのは自然の流れでしょう。

ということは、今日の人手不足の一番の影響を受けるのが、この４人以下の事業所、零細企業です。したがって、零細企業の多くは、やがては人手不足で人材確保ができなくなり、家族労働者、あるいは直接雇用でない派遣などといったシステムでないと会社が動かせなくなってくることが予想されます。

その結果、現在の約３０４万の事業所は、実態は個人事業主のような会社に集約されていくのではないかと思われます。

図表16によれば、サービス業、不動産業、卸売業、教育学習支援業、専門技術サービス業などが、とくに１名～４名の零細企業の比率が高い業種であることが見て取れます。したがって、これらの業界は、益々、個人事業主化が進展しやすいといえます。

傾向としては、知識集約型の企業から資本集約型の企業へ、同業でも従業員数の多い会社へと日本の労働力人口はシフトしていくのではないかと思います。

私は社会保険労務士の仕事をしていますが、この業界は大半が従業員４名以下の零細企業です。人手不足で社労士などの人材が不足していけば、独立するケースは別として、この業界では大手である20名以上の事務所に雇用はシフトしていくのは自然の流れです。

ただし、従業員４名以下の事務所の場合、従業員がかりに転職していなくなっても、先生さえががんばれば何とかやっていけます。これが７名、８名となると、従業員が３名ほどいなくなれば、事務所の業務は瞬く間に動かなくなってしまいます。

したがって、4名以下の零細企業は、人手不足で人がいなくてもある意味やっていける規模といえます。一方で、日本の事業所数の約2割になる5人~9人規模の事業所で、2人とか3人の従業員がいなくなり、求人ができなければ、大半の事務所が売上を減少させなければ事務所が回らないという切実な問題を抱えることになるのです。

なお、10人以上の会社であれば、その他の社員がまだいますので、2人か3人が欠けても回していける規模でしょう。

したがって、この働き方改革で改革が進みにくい零細企業が一番人材の流失が懸念される業種であり、人手不足でダイレクトに影響を受けてしまうグループではないかと思われます。

最近、中小零細企業の社長に働き方改革の説明をしていますが、中には、「こんなに労働基準法で縛られるのなら、会社の経営なんて馬鹿らしくてやってられない」と言う方が多く見受けられます。

また、「息子にこの仕事を継いでくれとは言えなくなったよ」といった声もよく耳にするようになってきました。

確かに残業の多い会社では、今回の働き方改革の残業規制の改正その他への対応は、大変なものがあります。そのほか、従業員の勤務管理が義務化に伴い、零細企業では、特定の業務の残業が多くなってしまうと言ったケースも出てくることでしょう。

２　従来型の人・物・金の拡大経営は原則大手企業の戦略

ランチェスター法則の活用

この項では、経営戦略について考えてみます。

私は、経営の世界でよく応用されているランチェスター法則を応用した戦略からこの人手不足や働き方改革への対応を考えれば、見えやすいのではないかと思います。

まず、ランチェスター法則について、簡単にまとめてみましょう。

ランチェスターの法則とは、次の内容です。


（競争の法則、戦闘における力関係）
・第１法則　一騎打戦の法則　（攻撃力＝兵力数（量）×武器性能（質））
・第２法則　間隔戦の法則　（攻撃力＝兵力数の２乗（量）×武器性能（質））…２乗がポイント。兵力数10対６は、１００対36の攻撃力に。格差は広がり続ける。

１９１４年、イギリス人の自動車会社の経営者であるランチェスター先生が、戦闘における力関係を考察して、右記の内容の法則を技術雑誌に掲載してからのスタートです。

今では、いろいろな場面、とくに中小企業の会社の経営の世界でこの競争の法則が多く活用されています。日本では、ランチェスター経営株式会社代表の竹田陽一先生などが有名です。竹田先生は、ランチェスター戦略を大変わかりやすく分析して説明されており、著書やＤＶＤなども多数出版されています。

このランチェスター法則から、第1法則（一騎打戦）は小規模企業の戦略（いわゆる弱者の戦略）、第2法則（間隔戦）が大企業がとる戦略（いわゆる強者の戦略）と考えられています。

第2法則（間隔戦）については、次のような事例が紹介されます。

あなたが、あなたの住んでいる町にケーキ屋さんを始めるとします。ところで、その町には、すでに町一番のケーキ屋さんが、従業員10名でお店を経営しています。新規開店のあなたのお店が5人の従業員で始めるとすると、仮に商品が同じようなレベルであるとするならば、あなたのお店とライバル店の力関係は次のようになります。

・あなたのお店の攻撃力＝5人の2乗（25）×商品のレベル
・ライバル店の攻撃力＝10人の2乗（１００）×商品のレベル

その攻撃力は、5人対10人の1対2ではなく、25対１００、つまり、何と4倍の攻撃力の差になってくるというのです。

したがって、ライバル店は第2法則（間隔戦）の強者の戦略がとれるお店になり、あなたのお店は第1法則（一騎打戦）の弱者の戦略で戦っていったほうが、2乗作用による4倍の差を諸に受けない戦い方ができると説きます。

　このように、物事の力関係を考えるとき、戦力を2乗して考えることがランチェスター法則のポイントの1つになってくるのです。

　したがって、経営において第1法則（一騎打戦）の戦略を活用するか、第2法則（間隔戦）の戦略を活用するかは、競争相手との力関係を考えてその都度選択して実施すれば、最も効果的な結果が期待できることになります。

　この原理を求人というカテゴリーに当てはめて考えてみましょう。

　あなたの会社が従業員４人、ライバルの同業者が20人の従業員が、求人の対応に努力するとすれば、力関係は４の２乗の16と20の２乗の４００という、16対４００という力関係になります。このような力関係のもとで同じような求人対策をとれば、最初から勝負ありといった状況になってしまいます。

　従業員30人未満の日本の約９割の会社は、ランチェスター法則でいえば戦力的に弱者ですから、弱者の法則を活用した求人対策が必要となってくるのです。逆に、30人以上の会社では、多くの零細企業に対しては強者の求人戦略がとれるということになります。

　戦国時代の若武者・織田信長の桶狭間の合戦での勝利は、まさにランチェスターの法則の戦略活用の好例でしょう。

　相手方の今川義元の約４万の大軍に対して、信長は約３０００の兵隊で、今川義元のちょっとしたすきを狙って奇襲して勝利しました。もし、信長が第2法則（間隔戦）の戦略で正面衝突して戦ったならば、完敗していたはずです。まさしく、局地戦における第1法則（一騎打戦）の戦略で勝利したといえます。

そもそも織田信長は、このようなランチェスター法則など知る由もありません。しかし、彼は本能的な勘で自然とこの闘いの戦略を実行したのですが、この法則は、会社経営や求人対策などにおいても十分応用のできる考え方であると思います。

経営の全体図の把握

ところで、、会社経営を考えるにはランチェスター経営の竹田陽一先生が提唱されているように、経営の全体図をまず理解する必要があります。

先生は、第2次世界大戦が始まる前、アメリカ軍によって考え出されたオペレイションズ・リサーチの手法とランチェスター法則を使って計算すると、経営は図表17のような構成要因になると言われています。

経営の全体図は、営業関連（53％）、商品関連（27％）、組織関連（13％）、財務関連（7％）のウエートづけになっていますが、いかが思われましたでしょうか。

この図表17を見れば、営業関連と商品関連の合計が経営全体の8割にも及ぶことがわかります。このことをあらかじめ十分に理解しておく必要があります。

【図表17　経営の構成要因】

①	地域、客層、営業方法、顧客対応	53.3%	営業関連 80%
②	商品、有料のサービス	26.7%	
③	人の配分と役割分担	13.3%	手段 20%
④	資金の配分と調達	6.7%	

多くの様々なコンサルタントの方が、従業員のモチベーションアップの研修、社内のＩＴ化の促進、そうすれば会社の業績を上げられるということで切り込んできます。

確かにどれも必要であると思い、つい多くの経営者はやるべきかどうか悩んでしまっているケースが多々あると思います。しかしながら、「研修後数日間は効果があったように思うが、その後は以前と変わらない」といった話をお聞きすることが多いです。

つまり一番重要なことは、「今は売上構造の見直しをする必要がある」とか、「従業員のやる気づくりの研修がポイントである」等という課題は、経営の全体図から優先順位が見えてくるということです。このことの理解が大前提ではないかと思います。

したがって、会社経営を考えるときは、営業関連が８割、その中でも地域、客層、営業方法、顧客対応に53％のウエートづけすることを前提に考えなければならないのです。商品、有料サービスは、その半分の26％のウエートしかないということです。

意外かと思いますが、商品の２倍のウエートが地域、客層、営業方法などで、商品そのものではないのです。

例えば、一流の料理店で板前をやっていたが、自分でいざお店を持って開業したところ、半年で店を閉めたなどという話はよく聞くところです。これは、商品、資金、人でもなく、一言でいえば売り方を誤ればうまくいかないということを表しており、開業時にはそこに最大のエネルギーをかけなければならないということです。昔から「商品3分売り7分」と言われていますが、これは全くの真理なのです。

この考えが絶対的に正しいかどうかと問われれば、何とも言えませんが、少なくとも私の知る限り、小規模企業の経営の全体図は、ランチェスターの法則から導き出された図表17のものが、最も合っていると考えています。

なぜなら、様々な会社経営でその証明がなされており、ランチェスター法則を活用した成功体験のビジネス本もよく出版されるようになってきました。したがって、日本の社会の中では十分信頼できる経営哲学であるといえます。

現在では、多くの中小企業の社長さんにランチェスター法則は知られてきています。ちなみに、セブンイレブンの地域戦略は、まさしくランチェスターの第2法則の代表的な活用例の1つとされています。

部分1位主義

このように経営の構成要因のウエートづけを考えると、いかに立派な事務所にして、人材を採用しても、経営の全体図から分析すれば、業績アップは思うほど期待できるものではないことをご理解いただけるでしょう。また、この構成要因の「人の配分と役割分担」が、13・3％としかないということに驚かれた社長さんも多いのではないでしょうか。求人求人と言っていますが、経営の全体図から見れば、それほど大きなウエートを占めていないのです。

しかしながら、今日の人手不足で、この13・3％さえ満たされていない、達成できない会社が続出しています。そのため、経営の本来のウエートが傾いており、人手不足により売上の減少という現実につながってきてしまうと思われます。

したがって、中小零細企業が人・物・金を大企業のようにイケイケどんどんで投資してもうまく行くわけがありません。中小零細企業は、弱者の戦略を活用し、部分1位主義で、特定の分野・地域で一番で勝てる商品・サービスづくりに邁進すべきなのです。

求人というキーワードであれば、大企業ではマネのできない勤務体制や人事制度、賃金制度などを考えれば、効果的な取組みも可能でしょう。あなたの会社でつくり出した、ナンバーワンの労務管理を最大の売りにして求人対策を考えるべきなのです。

ランチェスター法則においては、部分1位主義という考え方が重要です。

例えば、王手の大正製薬は、リポビタンDや風邪薬などヒット商品を次々と販売してきます。このような市場では、リポビタンDより優れた商品を開発したとしても、中小零細企業では売れないと思います。ランチェスター法則の第1法則である弱者の戦略を活用するのであれば、リポビタン

Ｄ等とは全く異なる客層と販売エリアを絞ることが必要となるのです。

社長の実力如何がポイント

中小零細企業の経営は、トップ・社長の采配で9割方決まるとされています。したがって、「うちの従業員は能力がない、ダメだな」と思っている社長は、もともと本人の実力不足なのではないかということです。

私は、日常的に様々な会社を訪問しますが、いつも感じることは、いずれの会社の従業員も何となく社長のキャラクターに似たような人が多いということです。とくに、中小零細企業では、常に一緒に仕事をされているケースが多いので、考え方とかがだんだん似てくるのだと思います。

それだけに社長さんの考えがそのまま従業員の思考パターンになり、ほぼ１００％零細企業は社長の実力で決まると思います。したがって、求人対策がうまくいかなくても、すべて経営実績は自分にあり、従業員ではないということを肝に銘じておかなければならないでしょう。

また、業績のいい会社は、従業員がいるいないにかかわらず、事務所には明るい雰囲気が漂っています。何となく会社の空気が違うのです。

では、どのようにしたら社長の経営実績・実力を高められるのでしょうか。業界の業務知識の修得のための研修参加はもちろん必要ですが、それ以上に求人を踏まえた営業方法とか、顧客対応等の戦略の勉強が必要かと思います。

本書で紹介しているランチェスター経営については、竹田先生などが多数出版されておりますので参考になると思います。

例えば、その中では、ハガキを使った対策が紹介されています。これなどは、経費をかけず、取り組みができるので格好の方法だといえます。

具体的には、これから入社してもらいたい人の住所などがわかれば、会社の情報とかセミナーとかの案内など、売りを全面に出さない情報提供に絞った内容を記載して、とにかく毎月ハガキを出します。これを何年も続けていれば、何かあって働こうと思ったら、あなたの会社に１度問い合わせたくなるのが人情です。

１枚63円ですから、３年間毎月投函しても63円×12×３＝2，２６８円です。仮に30人の候補者に出したとしても約７万円の経費です。このうち2、３人は、入社につながることもあると思います。

経営の勉強をするときに注意しなければいけないのは、経営というのは形がないので、ある意味宗教的なものがある点です。

あるコンサルタントは、夢を持てば成功するとか、また別のコンサルタントは、すべてに感謝の心を持てば成功するとか、掃除を徹底的にすれば成功するとか様々な提言をしていますが、どれも間違いではなく正しいと思います。

そうした中で、どのような考え方をベースに事業を進めるかは自由ですが、１つ言えることは、形のない経営戦略において、唯一ランチェスター法則の応用が形のある経営戦略ではないでしょうか。

いずれにしても、求人の世界は、まだまだ未開拓なので、経営戦略を勉強していけば、十分成果を引き出せる分野であり、大企業のようなイケイケどんどんのやり方とは全く異なる求人戦略が設定可能だと思われます。

3　大企業のような雇用条件の求人ができるか

退職金は

ここでは、雇用条件について考えてみます。

社長の会社では、40年勤続したら、退職金はいくら支給しますか。

大手企業であれば、約2，０００万円前後でしょうが、社長さんの会社ではいくらですか。

中小零細企業では、６００万円前後ではないかと思います。中には、うちの会社は退職金制度そのものがないという会社もあることでしょう（図表18参照）。

これまで、求人票には、退職金制度の有・無の表示はあっても、退職金が定年でいくらなりますかと聞いてくる方はほとんどなかったかと思いますが、今後人手不足が深刻化して、選ぶ会社が多くなれば聞いてくることが予想されます。

このとき、あなたの会社が６００万円で、他社が仮に大手並みの2，０００万円ですと回答すれ

【図表 18　企業規模、勤続年数別退職金の支給額】

（単位：万円）

企業規模、勤続年数・年	大学卒（管理・事務・技術職）			高校卒（管理・事務・技術職）			高校卒（現業職）			中学卒（現業職）		
	退職一時金制度のみ	退職年金制度のみ	両制度併用	退職一時金制度のみ	退職年金制度のみ	両制度併用	退職一時金制度のみ	退職年金制度のみ	両制度併用	退職一時金制度のみ	退職年金制度のみ	両制度併用
計	1,676	2,187	2,378	1,566	1,302	2,205	1,540	1,101	1,539	684	938	1,774
20～24年	743	669	1,336	426	631	947	400	421	736	338	367	671
25～29年	898	1,096	1,729	646	788	1,252	385	741	1,098	388	608	835
30～34年	1,360	2,065	2,115	816	1,278	1,602	853	1,157	1,330	655	917	1,520
35年以上	2,144	2,522	2,517	2,122	1,697	2,382	2,350	1,433	1,891	1,032	1,234	2,061
1,000人以上	2,489	2,738	2,668	2,715	2,223	2,498	2,669	1,427	1,785	848	1,537	2,125
20～24年	975	1,243	1,725	441	1,531	1,344	735	572	746	478	449	770
25～29年	1,274	2,194	2,495	1,007	1,820	1,320	571	1,045	1,294	541	1,143	1,059
30～34年	1,652	2,683	2,447	1,590	1,592	2,412	1,121	1,760	1,437	710	1,333	1,651
35年以上	2,665	2,823	2,720	2,789	2,331	2,550	2,863	1,524	1,962	1,059	1,793	2,329
300～999人	1,603	1,915	2,149	1,212	1,447	1,898	752	983	1,820	867	966	1,610
20～24年	869	778	1,088	492	554	973	401	433	632	368	339	708
25～29年	741	1,061	1,563	868	881	1,322	391	667	943	439	620	910
30～34年	1,489	1,857	1,878	989	1,085	1,484	902	815	1,411	786	987	1,421
35年以上	1,789	2,115	2,314	1,363	1,639	2,039	1,113	1,346	1,934	1,307	1,386	1,868
100～299人	1,279	1,509	1,966	775	1,127	1,752	811	892	1,317	685	747	1,331
20～24年	568	683	904	325	422	752	349	340	655	317	411	572
25～29年	1,118	1,139	1,480	561	734	1,239	486	599	921	370	487	716
30～34年	1,134	1,124	1,675	623	1,134	1,351	1,071	737	1,190	870	720	1,298
35年以上	1,636	1,912	2,192	1,075	1,417	1,993	1,215	1,527	1,656	999	1,191	1,548
30 ～ 99人	1,277	1,386	1,421	904	657	1,769	591	1,032	1,058	548	661	1,010
20～24年	774	417	1,540	453	686	869	355	460	801	330	324	667
25～29年	657	455	800	630	373	1,159	327	908	1,058	357	874	687
30～34年	1,403	1,977	-	768	676	971	639	1,442	1,260	403	845	1,602

出所：厚生労働省ホームページ

ば、そのほとんどが2，０００万円の会社に入社を決めてしまう可能性が高いのではないかと思います。

仮に、2，０００万円の退職金となると、利息を考えなければ月割り2，０００万円÷40÷12＝4１，６６６円となります。退職金が1，０００万円だとしても毎月約2万円積立てが必要になってきます。

年間休日は

さらに、最近、新卒の若者は、会社を選択する条件の1つとして、年間休日を大変意識しているといわれます。

図表19は、企業の年間休日日数の現状はをまとめたものです。

従業員数1０００人以上の大企業では、年間休日が1２０日～1２9日が51・０％と、何と約半分が1２０日以上です。ところが、従業員30人から99人の会社では、1００日～1０9日が30・3％で一番多いという実態が見えてきます。

したがって、読者の社長さんの会社では、年間休日が1００日未満のところも多くあると思いますが、求人というキーワードでは、少なくとも1００日以上ないと応募はなかなか厳しいものになってくるのではないかと思います。

この年間労働日数の拡大は、人手不足が深刻になればさらに難しいものがありますが、求人とい

【図表18　令和4年　年間休日総数階級別企業数割合、1企業平均年間休日総数及び労働者1人平均年間休日総数（全国）】

（単位：%）

企業規模 ・ 産業・年	全企業	年間休日総数階級								1企業平均年間休日総数※1（日）	労働者1人平均年間休日総数※2（日）
		69日以下	70～79日	80～89日	90～99日	100～109日	110～119日	120～129日	130日以上		
令和4年調査計	100.0	4.3	3.1	4.7	6.6	29.6	20.6	30.2	1.0	107.0	115.3
1，000人以上	100.0	0.5	0.9	0.6	2.9	21.2	22.1	51.0	0.9	115.5	119.1
300～999人	100.0	0.8	0.7	0.9	3.6	26.9	20.3	45.0	1.9	114.1	116.8
100～299人	100.0	2.3	2.4	3.3	6.4	28.9	21.9	34.1	0.6	109.2	113.0
30～ 99人	100.0	5.4	3.6	5.6	7.1	30.3	20.2	26.9	1.0	105.3	110.0
鉱業、採石業、砂利採取業	100.0	-	1.7	14.9	16.6	29.1	14.1	21.8	1.7	106.3	111.7
建設業	100.0	4.9	-	11.5	12.5	26.9	20.4	22.7	1.2	104.6	115.1
製造業	100.0	2.7	0.4	3.7	4.8	27.2	30.0	31.0	0.2	110.1	118.3
電気・ガス・熱供給・水道業	100.0	-	-	-	2.5	6.7	17.1	73.7	-	119.7	122.8
情報通信業	100.0	0.5	0.9	-	1.2	4.1	7.8	85.0	0.5	120.9	122.4
運輸業、郵便業	100.0	8.4	10.6	14.1	9.1	29.9	12.1	14.6	1.1	95.9	106.3
卸売業、小売業	100.0	8.2	4.1	2.3	8.4	27.6	20.7	27.1	1.6	104.0	113.9
金融業、保険業	100.0	-	-	-	0.3	1.9	4.5	93.2	-	120.9	120.4
不動産業、物品賃貸業	100.0	2.4	1.3	3.8	4.1	20.7	30.0	36.2	1.4	111.4	116.3
学術研究、専門・技術サービス業	100.0	1.0	-	1.0	1.0	5.6	21.2	69.8	0.3	118.7	122.2
宿泊業、飲食サービス業	100.0	8.7	9.9	11.4	15.8	41.9	6.2	5.2	0.8	92.9	104.2
生活関連サービス業、娯楽業	100.0	9.8	8.7	5.9	11.2	37.0	13.2	12.7	1.6	95.4	108.0
教育、学習支援業	100.0	2.6	2.5	4.0	8.8	23.7	16.1	34.8	7.4	110.5	114.9
医療、福祉	100.0	-	0.4	0.4	1.6	45.6	25.2	26.8	0.0	112.3	112.9
複合サービス事業	100.0	1.0	1.6	3.8	14.1	10.3	14.4	53.1	1.7	114.0	121.6
サービス業（他に分類されないもの）	100.0	3.0	3.8	5.6	5.9	26.1	17.8	37.4	0.4	108.0	114.9
令和3年調査計（参考）	100.0	2.2	2.4	4.2	7.0	32.2	18.7	30.4	2.9	110.5	116.1

（※1）　「年間休日総数」は、令和3年1年間で企業において最も多くの労働者に適用される年間休日総数であり、「1企業平均年間休日総数」はその平均である。
（※2）　「労働者1人平均年間休日総数」は、企業において最も多くの労働者に適用される年間休日総数を、その適用される労働者により加重平均したものである。

資料出所：厚生労働省「令和4年就労条件総合調査」

う視点で考えれば、真剣に対策を考えないといけない重要な労働条件の1つでしょう。

なお、過日、車関係の会社の社長と話していたら、「うちのような土曜・日曜営業の会社には若者が来なくなって困っている」と聞かされました。

つまり、年間休日が何日あるかということに加えて、同じ年代と一緒になって休日を満喫したい若者に対しては、皆が休む土曜・日曜についても休みが取れるような仕組みを考える必要があることを示唆しているといえます。

求人条件地域ナンバーワン

このように大企業と中小零細企業では、福利厚生の一部を分析しても格差があります。したがって、前述のランチェスター法則にあるように、第1法則の弱者の戦略である「部分1位主義」で求人対策の戦略を考えなければ、大手企業に太刀打ちできないということがご理解いただけると思います。

ランチェスター経営の竹田先生は、「日本の多くの会社の決算データを調べてわかったことは、業界1位の会社は業界2位の会社に比較し1人当たりの利益が圧倒的に高いということ」と記しておられます。

例えば、コンビニでは、業界1位と2位の1人当たり利益が約2倍近く違います。読者の社長さんも調べてみてください。

業界1位の会社は、業界2位の会社と比較すると、１人当たりの利益が大半で約倍近く違うことに驚かれることでしょう。。

私は、前職が日本生命に22年間勤務していました。ご存知のように日本生命は長い間業界1位でした。勤務していたとき思ったことは、他社と比較すると処遇は断トツではないかということでした。

これは、今考えると、やはり業界で1位のものをかなり持っていた会社であったからでしょう。そして、経営において1位になることは、最終的に会社の利益を底上げしていくことになってくるのだと思います。

このように、あなたの会社が、何か地域でナンバーワンとか、この商品ではナンバーワンとかを持つことにより、会社の利益を必然的に底上げしていく原動力になっていくと思います。

ここで、ランチェスターの第1法則の弱者の戦略に則って考えるならば、大企業がやらない分野で1位、すなわち部分1位主義という考えが生まれてきます。

これを求人という視点で考えるならば、あなたの会社が、給与は大企業のように毎年定額しか上昇しないのではなく、業績がよければ数万円の昇給があるとか、賞与は頑張れば頑張っただけ支給されるとか、業界トップクラスのスキルが身につきますよとか、転勤はないですよといった、地域または業界でナンバーワンと言えるような労務対策を実施することが弱者の求人対策の1つとして必要になってくるのではないかと思います。

4　大企業と中小企業の雇用対策の違い

前項では、退職金、休日の付与に焦点を絞って、大企業と中小零細企業の違いを考えてみましたが、その他の福利厚生面でも多くの違いがあります。

大手企業の場合は、従業員の保養所とか研修所とかが整備され、研修制度も結構充実した取組みがなされています。一方、中小零細企業では、それらの施設や研修などほとんどないといった現実があるのではないでしょうか。

退職への対応は

先日、ある顧問先から相談がありました。「ある若手の10年選手を付合いのある大手企業に応援に行かせたら、そのまま引き抜かれてしまった。何とかならないですか」というのです。

詳細を聞いてみると、「退職金とか福利厚生面の待遇を提示され、心を動かされたのではないか」とのことでした。

このような引抜きの問題は、今後多発してくることでしょうが、憲法に職業選択の自由が保障されているので、どうすることもできないといったことになってしまいます。社長の立腹なされる気持ちは十分理解できますが、いたしかたないといった状況です。

ちなみに、期間の定めのない正規従業員であれば、民法627条「当事者が雇用の期間を定めなかったときは、各当事者は、いつでも解約の申入れをすることができる。この場合において、雇用は、解約の申入れの日から2週間を経過することによって終了する」と定められています。したがって、従業員が退職の申出をしてきたときは、会社は拒否できないということです。

すなわち、求人も重要な業務ではありますが、退職の申し出があり得ることについても、十分に認識・理解していただきたいと思います。

最近、労働局の方と話していたら、今、一番多いのがパワハラの相談で、2番目が会社を辞めたくても辞めさせてくれないという相談だとお聞きしました。10年前とは様変わりです。10年前の第1の相談は不当解雇だったのです。

将来期待できるのは

繰返しになりますが、求人というキーワードで見ても、大手と中小零細では全く対応が異なってくることが理解できると思います。

前述のように、従業員がいきなり2、3人退職した場合、大手であればその他の現有の人手で十分カバーできますが、従業員4、5名の会社では下手すると仕事が回転しなくなってしまう可能性も十分あり得る話です。

人手の補充についても、大手はブランド力という強みを活用することができます。ところが、中小零細企業であれば、隣のビルの会社であっても、その存在自体認知されておらず、求人広告を出してもスルーされてしまうのが現実でしょう。

したがって、求人についても、大手企業はランチェスター法則の第2法則である強者の戦略がとれます。具体的には、コマーシャル、大々的な新聞や求人誌等の告知です。どんどん仕掛けてきます。

それに対して、中小零細企業は、部分1位主義・接近戦で会社の特徴PRなど、会社の強みを全面に押し出して、ターゲットを主婦層とか50代とかかなり絞った求人対策が不可欠とされます。

また、前章で紹介したように、従業員全員が友人知人にお願いする、あるいは会社が日頃から求人を頼んでいる人に情報提供のお願いをするなどの、地に張りついた取組みが必要ではないかと思われます。

一方で、このような取組みは、地道な活動になるので、経費も必要最小限でやっていけるというメリットもあります、

いずれにしても、年間休日数とか福利厚生を入社の際の判断のポイントにしている人よりも、第1章で紹介したような求人方法を通じて入社してくる人のほうが、将来の中小零細企業にとっては期待できる人材なのではないかと思います。

日本では、就職というと大企業か官公庁などとにかく安定した職場に行きたがります。しかし、アメリカなどでは、優秀な学生はベンチャーなどに挑戦していくといった話をよくお聞きます。さすがアメリカです。

また、コロナ過前に、中国の上海に旅行に行ったときに驚いたことは、学生は国策でどんどん新規ビジネスに挑戦しており、国がそれらの新規ビジネスを応援していると聞き、なるほどと現在の上海の発展の理由の１つが理解できました。

このように、中小零細企業こそ将来有望であると、多数の方が応募してくるような社会になっていかないと、日本の将来の発展が心配されます。

5　労働基準法が適用にならない家族労働者

家族労働

これらの働き方改革や求人のことを考えると、「人を使うくらいであれば、自分と身内だけで仕事をしたい」などと言う会社経営者の言い分にも納得できるところが多々あります。

「従業員3名の運送会社の社長が、未払残業代1，０００万円を請求され、会社を辞めた」などという話を聞くと、そんな時代がきたのかと、感慨深いものがあります。

前述したように、この未払残業の時効は、これまでは2年でしたが、今後は原則5年ですが当分の間3年ということになりました。それを踏まえれば、未払残業の訴訟での1，０００万円の請求は、ごく普通の案件といった時代がやってくるのではないかと感じる次第です。

しかし、この項のテーマである家族労働者であれば、原則労働者ではないので、このような未払

残業の問題や、働き方改革の残業規制や労働時間管理なども全く適用がありません。したがって、労働基準監督署とは無縁です、

私も、前職の日本生命時代、多くの拠点で多くの方を採用育成してきましたが、人の問題だけはうまくいくときはいいのですが、1度躓くとなかなか大変です。私などは、3年か2年で転勤があるので、気持ちの切替えしができましたが、中小零細企業では、もめればどちらかが退職しないと解決がつかないといったことが多いのではないでしょうか。

そこで私が提案したいのは、これだけ人材不足で求人がままならないのであれば、求人をせず、家族だけで経営をしていくといった、雇用ゼロという新しい選択肢もあるのではないかということです。もともと日本の事業所の約6割は、4人未満の事業所です。したがって、本来の姿に戻ってみてはという提案です。

社長さん、いかがですか。求人対策が必要ないというだけで、仕事のストレスが大幅に削減していくのではないかと思います。

どうしても家族だけでできない業務については、業務委託またはその部分の事業縮小などで対応できるはずです、

個人事業は社会保険料や残業規制の対象外

社会保険労務士の立場から言えば、あなたの会社が法人から個人事業に転換して、従業員の退職、

【図表20　社会保険料低減のシミュレーション】

社会保険料内訳（令和５年９月、東京の場合）						
氏名	給与	健康保険料	厚生年金保険料	合計 本人負担分	合計 会社負担分	合計
A(35歳)	27万円	14.000円	25,620円	39,620円	39,620円	79,240円
B(40歳)	30万円	17,730円	27,450円	45,180円	45,180円	90,360円
C(45歳)	35万円	21,276円	32,940円	54,216円	54,216円	108,432円
D(55歳)	40万円	24,231円	37,515円	61.746円	61,746円	123,492円
合計				**200, 762円**	**200, 762円**	**401, 524円**

求人不可能により事業縮小し、４名規模の事業所になれば、社会保険への加入義務はなくなります。

また、これまで任意加入だった士業についても令和４年10月から加入となりました。

ちなみに、図表20は、社会保険料低減のシュミレーションです。

個人事業に転換したならば、会社負担分約20万円の社会保険料の圧縮が可能となります。いかがでしょうか。端的には、従業員１人の人件費の１か月分ほどの人件費が浮いてきます。

また、家族労働者だけとなれば、８時間超えたときの２割５分増しの賃金の支払いはいらず、残業するときの労使協定の届け出も必要ありません。

また、就業規則の作成や監督署への届出も必要ないのです。

家族労働者で経営する場合は、労働基準法・労働安全衛生法など様々な法律の適用から除外されます。ある意味最強の集団になることも可能なのです。

人手不足が深刻化する現在の日本では、今後は家族関係者で事業を始める、または家族関係者だけの事業形態に転換していくというのは、いわゆる雇用ゼロ前提の新しい発想として、あってもいいのではないかと思います。

高齢化社会における高齢者の雇用が国会でも議論され、これまでの継続雇用制度を65歳までではなく70歳までにするべきかなどが問われています。このように人生１００年時代を考えるのであれば、高齢者の個人事業の雇用ゼロの新ビジネスモデルも必要な時代になってきたのではないでしょうか。

6　個人経営等への転換における知識集約型企業の魅力とリスク

雇用ゼロのビジネスモデルＯＫは

前項で、今後は雇用ゼロのビジネスモデルの時代がきたと述べました。この課題についてさらに深く考えてみたいと思います。

雇用ゼロなどというと、かなり抵抗がある社長も多いと思います。それは当然でしょう。これまで何年も雇用しながら経営してきたわけですから、当たり前だと思います。

これから先の事業の拡大は考えないのかとか、それでは人材育成が伴わないので会社はダメになってしまうのではないかということです。

それらのことを踏まえると、全国約３２０万の事業所においては、雇用ゼロのビジネスモデルが適用しやすい業種と適用しにくい業種が混在していると思います。

私どものような、いわゆる士業と言われる業界などで4人未満の事業所であれば、この雇用ゼロビジネスは十分検討する価値があります。

なぜならば、ＡＩやＩＯＴの技術の進歩で、事務的な仕事はかなり軽減できる時代がやってくるからです。

社会保険労務士の事務所において、仮に社員を1人雇用するとなると、最低でも月25万円の経費がかかってきます。それを確保するための顧問先数は、１社月３万円の顧問料として約10社は必要になります。

実際には、事務所の収入はそれを超えた顧問先がないと収益にはつながらない、儲けのない仕事になってしまいます。４人未満の社会保険労務士の事務所であれば、逆に考えれば、10社の顧問契約がなくても、社員1人がいなければ、売上は減少しますが、事務所の利益には影響がないことが理解できると思います。

この考え方が理解できる社長であれば、ここで紹介している雇用ゼロの考え方は理解できるのではないでしょうか。

私は、何も売上を減少させることをすすめているわけではありません。事務的な仕事はＡＩ化でかなり合理化できてくるでしょう。その分、人手がかかりにくいコンサルティングへ重点を置いた経営戦略を展開していけばいいと提案しているのです。しかも、その分野は、今後十分伸びていくと予想されます。

仮に、社会保険関係の手続が、政府の推進する事務のＡＩ化により簡単にできるようになっても、その仕組みを十分理解できている社会保険労務士などがいなければ、やはり会社のスムーズな運営に支障が出てくるのは確実だからです。

私の業界の事例のように、いわゆる知的集約型企業においては、今後この考え方は広まっていくのではないかと思われます。

私どもの金沢では、弁護士でも食えなくて会計事務所に事務員として勤務しているといった話も聞きます。われわれのような士業で、すでに20人、30人の従業員を抱えている事務所であれば、規模の大きさの経営ができるので、新たな従業員の採用による業務拡大は十分チャレンジする価値があります。

顧問先70社ほどの従業員数人の事務所であれば、仮に1万円の顧問料アップで毎月70万円の売上増ですが、約３００社ほどの顧問先を抱えるある程度の規模の事務所であれば、３００万円の増収となります。

その結果、単純に正規の従業員を数名余裕をもって採用できます。ところが、４人未満の事務所では、この規模の大きさによる事業展開がなかなかできないのです。

いかがでしょうか。この視点が、非常に重要なポイントかと思います。

あなたの業界で地域・商品で一番のものを持っており、規模の大きさでビジネスができる、いわゆるランチェスター法則でいうところの第2法則である強者の戦略がとれる事務所にまでなれば、雇用ゼロのどうのこうのというビジネスモデルは必要ないのです。したがって、雇用拡大でビジネスの拡大を目指す社長であれば、人材不足の現代において、積極的な採用活動は益々絶対要件になってくるでしょう。

雇用ゼロのビジネスモデルへの転換は社長の能力アップが不可欠

会社経営でやるにしても個人経営でやるにしても、やはり常に変化進展して売上をアップしていかないとやがて倒産という憂き目を見ることになります。

したがって、個人事業などに転換したならば、今まで社員に教育した分だけ、今後は社長自身が常に問題意識を持ち、経営の勉強を一般の社長以上に研鑽していかないと、瞬く間に経営はダメになっていきます。

ランチェスター法則の2乗の力の格差を紹介しましたが、従業員10名の会社と事業縮小により従業員4人で経営するのでは、10の2乗の１００と4の2乗の16との規模の格差が個人事業主化することにより格差が拡大します。

したがって、部分1位主義でやり抜くためには、これまで以上に社長の経営能力が高まっていかないと、2乗作用をまともに受けて、事業は成り立たなくなってしまう可能性があるということは十分胆に銘じておかなければならないでしょう。雇用の苦労が少なくなった分だけ、その他で努力をしないといけないということではないかと思います。

7 フリーランス（個人経営）への回帰

アメリカでは3人に1人がフリーランス

考えなければいけないのは、人を増やさないと利益をアップさせられないのかということです。従業員が30名以上ともなれば、雇用の拡大は事業の拡大において必要不可欠な要素です。しかしながら、4人未満の零細企業においては、事業の拡大は必ずしも雇用の拡大につながる絶対要件ではありません。

１９００年当時の日本の就業状況は、農林漁業などの第一次産業従事者が約7割で、商業などの第三次産業従業者が約2割、残り約1割がものづくりなどの第二次産業従事者でした。したがって、国民の約9割は個人経営の事業所であったと推測できます。

ところが、現在、大学を出ての就職先は、ほとんどが大手企業か官公庁を目指しています。アメリカでは、前述したように、就業人口の何と3人に1人が個人事業主なのです。

アメリカでは、自身の才覚や技術力で社会的な独立を果たした個人事業主のことをフリーランスと呼びます。２０２２年には、アメリカの労働者の約86%がこのフリーランスになるのではないかと言われています。アメリカのフリーランスの強みは、「時間の融通がきく」「収入を増やしやすい」などが上げられており、ＩＴ関係のエンジニアに限らず、ライターや報道などの分野にも広がり見せているようです。

フリーランスの大半は、「兼業」「副業」をしているケースがほとんどのようです。アメリカは、会社を突然首になることはよくあります。このような背景も、フリーランスが浸透していく理由の１つなのでしょう。

日本もアメリカのように

日本では、アメリカのように突然首になるようなことは少ないかもしれませんが、これからは日本でもこのフリーランスである個人事業主の方が増加していくのではないかと思います。

仮にこのフリーランスの個人業主が増加していくとすれば、私が雇用ゼロの新しい選択肢もあるということで、これまで分析してきた零細企業の従業員４人未満事業所とこれから開業していく新規個人事業主が該当するものと考えます。

日本の経済は、アメリカで流行ったものは数年後必ず浸透していく傾向にあります。

したがって、零細企業の経営者が雇用ゼロのビジネスの考え方を持つならば、日本もやがてアメリカのような、３人に１人がフリーランス・個人事業主の時代がやってくるかもしれないと思います。そして、とりわけ資本集約型の人材が多く必要な会社は、やがて外国人労働者で占められていくのではないでしょうか。

ちなみに、現在の日本の個人事業主の比率は、図表21のように、労働力人口6955万人に対して520万人と約1割にとどまっている状況です。

しかし、やがては、約2000万人が個人事業主で成り立っていく社会に、この人手不足が拍車をかけていくのではないかと思います。

【図表21　就業状態別15歳以上人口、産業別就業者数、完全失業者数】

2023年 7月　（万人）

	男女計 実数	男女計 対前年同月(※) 増減	男女計 対前年同月(※) 増減率(%)	男 実数	男 対前年同月(※) 増減	男 対前年同月(※) 増減率(%)	女 実数	女 対前年同月(※) 増減	女 対前年同月(※) 増減率(%)
―原数値―									
〔人口〕									
15歳以上人口	11029	6	0.1	5327	8	0.2	5701	-3	-0.1
15～64歳	7405	9	0.1	3755	10	0.3	3650	-1	0
〔就業状態〕									
労働力人口	6955	24	0.3	3818	-3	-0.1	3137	27	0.9
15～64歳	6028	31	0.5	3269	4	0.1	2759	27	1
就業者	6772	17	0.3	3713	-1	0	3059	18	0.6
15～64歳	5859	24	0.4	3175	6	0.2	2684	18	0.7
自営業主	520	-11	-2.1	376	-17	-4.3	144	6	4.3
家族従業者	135	-4	-2.9	28	5	21.7	107	-8	-7
雇用者	6085	33	0.5	3289	12	0.4	2796	21	0.8
完全失業者	183	7	4	105	-2	-1.9	78	9	13
15～64歳	169	7	4.3	93	-3	-3.1	75	9	13.6
非労働力人口	4065	-20	-0.5	1505	10	0.7	2560	-31	-1.2
15～64歳	1370	-25	-1.8	483	6	1.3	887	-31	-3.4

出所：総務省統計局ホームページ

第5章

今こそ見直そう！　大企業と中小零細企業の雇用の違い

1　働き方改革のしわ寄せは大企業から中小零細企業にのしかかる

従業員10名前後と１００名以上との影響の違い

働き方改革の関連法案が２０１９年4月から一斉に施行されました。その中身は、前掲の図表8の予定です。

ここで問題視するところは、企業規模に関係なく関連法案が同じ条件で施行されたということです。

残業の上限時間の定めや有給休暇の会社からの付与の義務化などの改正法は、確かに、労働基準法の戦後最大の改革でしょうが、このことにより中小零細企業と大企業では益々競争力の格差がついてしまうと思えてなりません。読者の社長は、いかがでしょうか。

ランチェスター法則から考えるならば、働き方改革の波は、第2法則の強者の戦略である間隔戦の2乗作用を中小零細企業がまともに受けてしまうことになります、

中小零細企業が2乗作用をまともに受けないためには、第1法則である弱者の戦略である、一騎打ち戦の戦い方にもっていかないと、とくに求人の分野では、大企業に全く歯が立たなくなってしまいます。

これまでは、残業規制とか、有給休暇とかは、ある程度会社の実態に合わせた独自のアレンジで

やりくりして、王手企業等に対抗してきたわけです。また、それがこれまでは十分可能であったと思います。

先日、社労士業務の行政協力の一環として、地元の１００名以上の会社にアンケートのお願いに訪問させていただきました。その中で、求人の話も話題になりましたが、驚いたことに、従業員10名前後の会社とは、求人の実情が随分相違していると感じました。

10名前後の会社では、求人してもほとんど人が集まらないと聞いていました。しかし、このクラスになると、それほど苦労されていないようなのです。やはり、労働条件のより有利な会社に労働がシフトしているという現実を見せつけられた気がしました。

また、最近の顧問先の従業員の退職の手続を見ていてわかったことは、そのほとんどが再就職先が決まっているということです。数年前までは、退職と同時に再就職先が決まっているようなケースはあまり見られませんでした。このように、社労士の日常業務の中でも、中小零細企業からの雇用のシフトが確実に進展しているのです。

やはり、この求人というキーワードでは、従業員１００名以上は強者の戦略である第2法則が発揮される規模だということを実感しました。

中小零細はランチェスターの第１法則・弱者の戦略で対抗

それでは、それに対してランチェスター法則の第1法則・弱者の戦略、すなわち接近戦とはどのようなスタンスで立ち向かっていけばいいのかですが、次のような考え方ではないかと思います。

ランチェスター経営の竹田先生は、企業力とは次の公式に当てはまると言われています。


企業力＝従業員数（量）×知識×技能・人柄（質）

この公式を見ていただければ、中小零細企業は、従業員数（量）では大企業に太刀打ちできないので（質）で、ある技能・人柄または仕事の知識によって勝負しなければいけないことが示唆されていると思います。


それでは、具体的にどのように、質を上げるかです。

人が働いて得られる本当の広い意味での報酬には、次の5つがあります。

①　感謝の報酬（お客様からありがとうと言って喜んでもらえること）
②　お金の報酬（豊かに生活をするため、昇給・昇格などの賃金による評価）
③　成長の報酬（去年よりも今年の自分が技能・人柄など成長していると実感すること）
④　信頼の報酬（この仕事を通して、お客様に、同僚に、社長に知識の習得などで評価されていると思うこと）
⑤　人間関係の報酬（会社に勤務することにより得られる人間関係・絆）

このような広い意味での報酬がないと、従業員の本当の意味での働く満足感というものは得られないのではないでしょうか。

苦労して求人に成功しても、入社してすぐに退職されてしまっては、会社も退職した方もある意味無駄な時間を浪費してしまったことになります。

したがって、ランチェスター法則の接近戦という戦略で考えるならば、大手企業に対しては②のお金の報酬の分野ではなかなか太刀打ちできないかもしれませんが、その他の報酬である感謝の報酬、成長の報酬、信頼の報酬、人間関係の報酬などの分野において、中小零細企業ならではの戦略を立てて対抗すべきなのです。

また、これらの分野の戦略は、基本的に費用はあまりかからず、明日からでも実行可能な分野です。

これらの分野のどこかにポイントを絞り、その部分を会社の売りとして押し出すことによって、求人対策を実行していくことが、ある意味、ランチェスター法則で言うところの弱者の戦略・接近戦の戦い方の１つになるのではないかと思います。

2　大企業と中小零細企業の残業規制への対応の違い

一般的な残業規制対策は

残業規制については、第2章でも触れましたが、ここでは大企業と中小零細企業の対応の違いについて考えてみたいと思います。

大企業の残業規制対策として具体的に考えられるのは、次のような取組みかと思われます。

・時間外労働は上司へ申請許可制とする

・「20時以降は原則残業禁止」などのルール化
・ロックアウト、パソコンの強制終了などの物理的な対応
・管理職は顧客との無理な交渉や要求に対してしっかり対応する
・管理職の業務の段取りを平準化して業務分担をしっかり定める
・朝の挨拶などより、日常においてコミニケーションを図り、部下の勤務業務状況などを把握する
・勤怠帳票が適正に運用されているか入退社記録、ｐＯＳデータ、パソコンログ、防犯カメラ等による確認の実施
・三六協定超の残業は絶対させない、違法であると十分徹底させる

中小零細企業でも、規模の大小はあるものの、同じような取組みにならざるを得ないのが現実問題かと思います。

また、現在、残業規制の法律が改正されたとしても、これまであまり残業の少ない会社であれば、この問題は取り立てて考えなくてもいいかもしれません。

しかし、残業の多い会社であれば、２０１９年4月からは大企業・２１２０年4月からは中小企業と施行されましたので、対策が必要となってきます。

中小零細企業の残業規制対策は

ここでの対策の大手と中小との違いは、やはり具体策が総合的に実行できるのが大手であり、中

小零細は前述の取組みをいくつかに絞る、いわゆる弱者の戦略である接近戦の実行ということになるでしょう。

例えば、20時以降は残業禁止とか、パソコンのロックアウトなどの取組みに絞って実施することがポイントになってくるのではないかと考えます。中小零細企業では、人材不足ですべての具体策まで手が回らないというのが実態だからです。

また、基本的には、年間７２０時間を超えて残業をさせることができないので、人数の少ない会社は、その時間を超えないように勤務シフトを考えなければなりません。

大手企業であれば、数の力で、残業時間が７２０時間を超える労働者が出そうであれば、その他の部門からの応援により対応が可能ですが、絶対的に人数の少ない中小零細企業では、時間オーバーには対応ができないという現実をしっかり考えなければならないと思います。

このようにこの人手不足からくる影響は、この残業対策についても大手と中小では大きな対応の格差さが生まれてしまうということです。

3　大企業は人材確保による規模拡大はできるが、中小零細企業はできない

労働市場は様変わり

これまで述べてきたように、人材確保の面において、中小零細企業は大変不利な社会になってき

たと言わざるを得ないと思います。

今までは、退職者が出ても、求人すれば、人材の良し悪しはありますが、何とか員数は確保できてきた時代でした。ところが、ここ数年前からは、全く状況が変化してきた感があります。読者の社長も感じていることだと思います。

２０１８年12月8日に成立した入管難民法では、外国人労働者の単純労働分野の就労を前提にした、一定の技能が必要な業務に就く「特定技能1号」と熟練技能が必要な業務に就く「特定技能2号」の在留資格を新設するというものや、2号は家族帯同を認めるなどの入管難民法などの内容となっています。２０１９年4月の施行されました。いずれにしても、このように外国人雇用の考え方が大きく変わってきています。

この外国人雇用が、これからの日本の人手不足をどれだけ緩和していくかわかりませんが、今後は中小零細企業においても外国人雇用のキーワードは益々重要度を増してくると思われます。

また、数年前別の新聞報道では、経団連会長が大学生の採用面接などの選考解禁というルールを撤廃するという意向を発表して話題となっていました。

このような動きが決まっていけば、中小零細企業における人材確保はさらに難しくなっていくのは明らかでしょう。

最近では、日本の大手だけでなく、中国の大手企業においても、日本人の新卒の雇用が増えてきているようです。日本人は働きものが多いということで、人気があるようです。

したがって、中小零細企業は、今後は日本の大手だけでなく、外国の大手企業とも人材確保等の分野でライバルになってくるわけです。

また、日本の令和３年度における15歳～69歳の女性の就業率は、総務省（労働力調査）の統計で、何と71・３％です。意外と思われた方もおられるでしょう。これは、アメリカの68・７％（２０１８年アメリカ合衆国労働統計局調べ）より高く、数字だけで見れば日本の女性はアメリカの女性よりも就業率が高いのです。

このように、女性や主婦層などの雇用も期待できる労働市場ではありますが、世界的なレベルで比較すれば、すでに日本は働く人材は世界レベルの水準にまで達していると思われます。

加えて、中小零細企業において課題となってくるのは、人手不足により、求人労働者の募集賃金が益々アップしていくことです。

私の顧問先の就労支援施設の社長は、「２０２２年、東京では最低賃金が１０７２円となり、約１０００円台になってきたということで、施設の運営ができず廃業する事業所が多数出てきた」と話しておられました。考えれば、毎年25円ほど上昇しており、４年間で約１００円上昇したことになります。事業によっては、まだ、最低賃金で雇用しているところもあるので、この賃金の上昇は求人難をさらに加速させていく可能性があります。

石川県でも、最低賃金は２０２２年は８９１円となり、このことが石川県でのアルバイトの時給が１０００円を超える求人も多く出てくる原因の１つになってきています。

新聞報道では令和5年度は過去最高の最低賃金の引上げになるようで、東京では1113円になるようです。このような時給単価の引上げは、正社員にも連動します。仮アルバイトについて、時給1000円で1日8時間勤務、20日間勤務すると月給は16万円になり、正規社員との違いがあまりなくなってきます。こうなると当然、正規従業員の月給は上げざるを得なくなってくるでしょう。

中小零細企業では、賃金で求人を勝ち取ることは益々困難になってきています。したがって、その他の賃金以外の分野で全面的に勝負していかないと、大手企業にかなわないのです。

これも前述しましたが、もう1つの大手と中小零細企業との間には、福利厚生などの充実度の相違も懸念されるところです。

中小零細企業でも、健康保険・厚生年金・雇用保険は加入しているでしょうが、その他の福利厚生施設の活用とか、会社内に子供を預ける施設があるとか、キャリアアップのための教育研修制度はあるのかなど、資本の力による格差はどうしようもない現実があるのです。

5　ＡＩ、業務委託での人件費の大幅削減は大企業の話

ＡＩは中小零細企業で有効か

前にも触れましたが、ＡＩは果して中小零細企業ではどれだけ有効活用できるのでしょうか。

機械メーカーは、これからはＡＩだＩＯＴだと、どんどん煽ります。確かに、建設現場や工場の

現場などでは、ロボット化などによる合理化が進展し、成果も上げてきているでしょう。

しかし、本書の中心的な読者である従業員10人未満の社長は、売上とＡＩの導入コスト、それによる人件費の削減効果を考えた場合、ほとんどのメリットはないのではないかと計算しておられると思います。

業務委託は中小零細でもメリット

次に、業務委託について考えてみましょう。

前項でも触れたように、現在、アメリカではフリーランスの労働人口が３分の１に達していますが、今後、日本も人手不足なども重なりこのフリーランスによる業務委託の形態が増加していくと予測されます。

例えば、われわれのような事務系の仕事であれば、給与計算業務を委託するだけでも人手不足はいくらか改善できます。また、社会保険などの手続業務もＡＩの導入ができれば、１人で十分運営していくことは可能です。業務を棚卸してみれば、意外と業務委託が可能な分野は結構出てくるはずです。

業務委託の報酬やＡＩ化による経費の支払いは多くなりますが、社会保険料などの人件費は大幅に削減できるからです。また、従業員が少ない分、人の雇用でも悩みは半減します。

したがって、業務委託による業務のスリム化は、事務系の業務では十分応用が利く可能性があるのではないかと思われます。

このように考えると、現在の日本の状況というのは、世界に例を見ない超求人難の時代であり、日本のあらゆる階層の人が、ある意味働ける環境下になってきています。

ＡＩやＩＯＴでの業務の効率化はありますが、逆に人間でないとできない業務や職業がクローズアップされてくるようになってきます。

例えば、ユウーチューバ的な業務は、数年前まで職業として成り立っていませんでしたが、現在は世間に認知されています。

したがって、ここで紹介しているフリーランスなどの新しい職業人が、超求人難の時代であるからこそ、世界に類を見ない新しいニュービジネスにどんどんチャレンジしていくことにより、ある意味、創造性豊かな社会に変革していく絶好の機会ではないかと思っています。

また、本書のテーマの１つである働き方を、法律が決まったのだから、仕方ないと受けとめるのではなく、残業規制・有給休暇の付与義務など乗り越える課題は小さな会社では大きいものがあるものの、目線をあなたの会社の従業員の立場で考えれば、ゆとりのできた時間により健康で安心して働くことができ、この改革の目的の１つとして個々の従業員の自己研鑽・自己投資のためであるとするなら、従業員さんからも必ず共感が得られ、この働き方改革をキッカケに会社の経営改革にもつながってくるのではないでしょうか。また、この改革は、逆に小さな会社だからこそ、これまでの発想を変えれば実行しやすいのではないかとも思います。

第6章

人手不足、高齢化社会の中でビジネスは大きく変わる

1　今こそ石田梅岩の商人道に学ぶ、仕事は「倹約・正直・勤勉」が基本

石門心学の商人道

先日、アマゾンのＣＥＯジェフ・ベソス氏は、世界で一番の裕福な人物であると新聞報道されていました。その記事で驚いたのは、乗っている車はホンダのアコードであり、倹約はアマゾンのリーダーシップの不可欠な要素の１つになっているとのことであり、その結果、顧客の求めているものを届けるという同社の成功に繋がっているのではないかという点でした。

アメリカ人が倹約という経営方針を全面に押し出しているのには大変な驚きでしたが、すでに日本には約３００年前からこの倹約を商人道として説いていた人がいました。石門心学の祖と言われる石田梅岩です。

今日、日本では、アメリカの経営思想がもてはやされていますが、日本にもこんな素晴らしい商人道、経営者のあり方を説いていた方がいたのです。

梅岩の主著とされる「都鄙問答」には、次のような代表的な考え方が紹介されています。

○「人の道というものは１つである。もちろん、士農工商それぞれの道があるが、それは尊卑ではなく、職分の違いである」

○「商売の始まりとは、余りある品と不足する品を交換し、互いに融通するものである」

◯「（したがって）商人の得る利益とは、武士の俸禄と同じで、正当な利益である。だからこそ、商人は正直であることが大切になる。水に落ちた1滴の油のように、些細なごまかしがすべてを駄目にする」
◯「商人に俸禄を下さるのはお客様なのだから、商人はお客様に真実を尽くさねばならない」
◯「真実を尽くすには、倹約をしなくてはならない。倹約とはけちけちすることではなく、たとえばこれまで3つ要していたものを、2つで済むように工夫し、努めることである。無駄な贅沢をやめれば、それでも家は成り立ってゆくものである」
◯「商人の蓄える利益とは、その者だけのものではない。天下の宝であることをわきまえなくてはならない」
◯「まことの商人は先も立ち、われも立つことを思うなり（正しい商人とは、相手のためになって喜ばせ、自分も正当な利益を得る者をいう）」

いかがでしょうか。現在の日本の経営者にも十分通用する考え方であるどころか、この考え方を事業を始める方は持たなければならないのではないでしょうか。

倹約・正直・勤勉

この考え方は、端的に言うなら「倹約・正直・勤勉」です。

江戸時代に日本でこのような心門心学が商人の間で浸透していったので、日本人は世界でも例を見ない勤勉な国民であると言われてきた考え方の1つでしょう。

日本の経営者も、このような視点を持って経営していかなければ、真に国民に支持される会社にはなり得ないと思います。

ランチェスターの経営戦略を応用した求人の戦略を前章で紹介しましたが、このような戦略を実施するときでも、経営者のマインドがしっかりできていないとうまくいきません。

例えば、私の携わる社会保険労務士の業務の中で、都合の悪いことはゴマカセばお客様はわからないのでスルーできることであっても、それはだめで正直に話すことが大切です。

以前、助成金の申請で、申請時期が遅れてしまったため50万円助成金が支給されない事態が生じました。

それについては、条件が整っていなかったので支給されませんでしたと言えばそれで終了した話でしたが、正直に弁償するつもりでお話しました。

その結果、「あなたみたいな正直な方はいない」ということで、信用が倍増したのです。しかも、「弁償はしていただかくて結構」ということになりました。ご立腹されるかと思いましたが、まったく逆の結末となったのです。

このように、会社経営の業務の遂行上は、この正直は大変重要なキーワードです。このような考え方が、社会に真に信頼され、従業員が辞めない、かつ求人ができる会社になっていく条件の1つではないかと思います。

2　募集しなくても人が集まってくる魅力ある会社

魅力ある会社とは

社長は、「募集しなくても、あなたの会社でぜひ働きたいのですが…」と言われる会社にしたいと思われませんか。

働き方改革の流れで考えるならば、一般的な求人のポイントは、年間休日日数が多い、残業が少ない、有給休暇が十分取得できるといった会社が魅力ある会社の条件になってきます。

ところで、図表22は、転職入職者が前職を辞めた理由のデータです。

上位８位までの退職理由は、男女別で次のようになっています。

●男性の場合

・１位　定年・契約期間の満了（16・５％）
・２位　給料等収入が少なかった（12・２％）
・３位　労働時間・休日等の労働条件が悪かった（９・５％）
・４位　会社の将来が不安だった（８・４％）
・５位　職場の人間関係が好ましくなかった（７・２％）
・６位　会社都合（５・８％）

【図表 22　前職を辞めた理由】

区分	計 2)	仕事の内容に興味を持てなかった	能力・個性・資格を生かせなかった	職場の人間関係が好ましくなかった	会社の将来が不安だった	給料等収入が少なかった	労働時間、休日等の労働条件が悪かった	結婚	出産・育児	介護・看護	定年・契約期間の満了	会社都合	その他の理由（出向等を含む）
平成28年（%）													
男	100.0	5.1	4.8	7.2	8.4	12.2	9.5	0.7	0.1	1.2	16.5	5.8	26.4
19歳以下	100.0	7.3	2.8	10.3	2.2	16.8	21.6	-	-	-	6.7	0.1	29.1
20～24歳	100.0	6.8	4.4	8.0	8.6	15.1	11.8	0.1	0.1	0.1	5.9	2.1	33.9
25～29歳	100.0	7.9	6.5	5.1	7.5	19.3	16.5	1.1	0.2	0.3	6.6	3.0	24.6
30～34歳	100.0	8.5	3.3	11.1	15.7	18.2	8.7	1.6	0.1	1.4	6.1	2.1	21.4
35～39歳	100.0	4.5	7.7	8.6	14.4	7.8	12.5	0.5	0.2	0.1	7.7	5.1	29.4
40～44歳	100.0	3.6	6.4	11.0	14.9	13.7	8.1	0.5	0.1	0.2	6.1	7.5	25.6
45～49歳	100.0	3.0	5.5	5.9	8.6	15.4	9.5	0.0	0.1	3.9	4.6	9.4	31.3
50～54歳	100.0	2.5	5.5	5.8	3.8	10.6	5.7	-	-	3.2	8.0	14.1	38.7
55～59歳	100.0	7.7	7.5	9.3	2.7	5.9	5.1	-	-	2.5	9.2	7.4	39.2
60～64歳	100.0	1.3	1.2	2.8	1.5	1.2	1.9	-	-	2.1	64.5	9.4	12.2
65歳以上	100.0	0.4	1.3	2.6	0.9	3.1	4.1	3.6	-	0.3	61.6	6.2	14.5
女	100.0	4.6	5.3	12.1	4.9	9.9	12.3	2.5	1.5	1.5	13.2	5.8	23.3
19歳以下	100.0	4.2	5.7	10.9	0.0	8.8	18.1	-	0.0	0.1	13.7	1.0	31.8
20～24歳	100.0	5.6	5.5	14.5	6.7	8.5	12.6	1.6	1.5	0.1	8.5	2.5	27.6
25～29歳	100.0	6.0	4.7	9.0	9.4	12.2	13.7	7.7	1.6	0.5	6.3	4.5	23.0
30～34歳	100.0	3.8	9.0	14.4	4.0	11.9	11.6	3.3	4.5	0.4	12.2	5.4	18.5
35～39歳	100.0	3.7	4.8	12.8	2.6	9.8	12.1	3.6	4.1	2.8	11.1	6.2	25.1
40～44歳	100.0	3.5	5.1	9.9	3.3	14.7	13.8	1.7	0.5	0.5	13.4	5.6	26.3
45～49歳	100.0	5.1	5.1	13.6	4.6	8.6	13.5	0.0	0.2	1.6	10.9	9.6	24.0
50～54歳	100.0	6.2	5.3	10.9	5.2	7.3	11.3	-	-	3.1	13.2	6.2	19.3
55～59歳	100.0	4.8	4.8	17.1	2.7	5.5	7.8	-	-	3.8	13.4	11.5	24.8
60～64歳	100.0	1.6	2.2	9.2	3.8	3.8	7.3	-	-	4.8	50.5	5.0	10.9
65歳以上	100.0	2.6	3.7	11.1	0.3	2.3	3.9	-	-	7.2	38.8	8.0	20.5

出所：厚生労働省ホームページ

・7位　仕事の内容に興味を持てなかった（5・1％）
・8位　能力・個性・資格を生かせなかった（4・8％）

●女性の場合

・1位　定年・契約期間の満了（13・2％）
・2位　労働時間・休日等の労働条件が悪かった（12・3％）
・3位　職場の人間関係が好ましくなかった（12・1％）
・4位　給料等収入が少なかった（9・9％）
・5位　会社都合（5・8％）
・6位　能力・個性・資格を生かせなかった（5・3％）
・7位　会社の将来が不安だった（4・9％）
・8位　仕事の内容に興味を持てなかった（4・6％）

このデータを逆に読み取れば、従業員が辞めない会社、また魅力ある会社とは何がポイントであるか見えてくるのではないでしょうか。

とくに、興味深いのは、男性が給料等の収入が少ないのが第2位であるのに対して、女性では第4位になっており、給料等による退職の理由は男女とも10％前後であるということです。もっとも、中小零細企業は、この賃金ではなかなか大手企業と対等に戦えないと思います。

しかし、一方では、職場の人間関係での退職が男性は5位、女性が3位であるという事実です。

これも男女とも10％前後です。給料等の原因とそれほど大差のない比率なのです。

したがって、中小零細企業はこの職場の人間関係を大企業以上に改善していくようにしていけば、大企業への雇用のシフトは十分防止できるのではないかと思います。決して給料だけではないということがこのデータから読み取れるのです。

前章で、お金以外の4つの報酬である感謝の報酬、信頼の報酬、成長の報酬、人間関係の報酬などがしっかり感謝の小切手として日常的に支払われていれば、職場の人間関係などで退社していく従業員は少なくなっていくのではないかと思います。

3 中小零細企業は小さなマーケットで地域一番の商品を持つ

今後の行き方3パターン

ここまで読み進まれたあなたは、これから積極的に人を採用して事業拡大をさらに強化しなければならないと再確認されたのでしょうか、または、零細企業であれば思い切って新しい考え方である雇用ゼロやフリーランスの視点に立って事業展開を図っていくべきだと考えられたのか、あるいはその中間的な考え方でなんとか雇用を維持して事業を乗り切っていくべきではないかと考えられたのでしょうか。

いずれにしても、今後の行き方は、大きく分けてこの3つのパターンになってきます。

どの考えで行くかは、おかれている立場、または事業内容によっても様々でしょうが、あなたがこれだと思ったことが正しい選択なのだと思います。

ポイントは地域一番の商品、サービス

ここで重要なのは、どのパターンを選択したとしても、小さなマーケットで地域1番の商品、サービスなどの分野をつくりあげることが肝要です。

営業地域・商品を細かく絞っていけば、どこの会社でも一番の商品・サービスは必ずあると思います。その一番が明確になったら、徐々にエリア・商品の種類の拡大などを進めていけば、必ず強固なナンバー1商品・サービスになっていくはずです。

例えば、日本一の高い山といえば、ほとんどの日本人は富士山と答えます。しかし、二番目に高い山はどこですかと聞かれて答えられる人はほとんどいないと思います。このようにナンバー1とナンバー2とでは、顧客のイメージが全く違ってきてしまうのです。したがって、ナンバー1は価値があるのです。

視点は変わりますが、地域ナンバー1ということで、労務の世界で考えるならば、パートさんにもわが社は退職金制度がありますよとか、わが社はこの地域で初めての試みですが週4日勤務制の選択もできますよとか、わが社は定年はないですよとか、とにかく、ライバルがやっていない労働条件を売りにした求人対策など面白いのではないでしょうか。

おそらく地方では、これらの取組みは、その地域で最初の実施企業になってくるのではないかと思います。

ナンバー1のキーワード

また、労務以外のナンバー1のキーワードをいくつかあげてみましょう。

- ○○専門で東北一の小さな理容室
- 客層を絞ったスゴイ社労士のニッチ戦略
- ハガキ20枚で年収2,500万円の生保営業マン
- ダメ人間が雨漏り110番で年商4億円
- 成功居酒屋のスゴいネクタイ営業
- 大手と戦わないすきまくんニッチ家具屋
- 半径500m・700世帯で売上6倍になった弁当屋
- 社名を変えて売上2倍の看板屋

このようにキーワードを並べてみると、労務以外の経営戦略もいろいろと浮かんでくるものです。

本書は、労務がメインですので、営業の経営戦略についてはこれ以上は踏み込まないことにします。

いずれにしても、何かの商品・サービスで1位のものがいくつつくれるかが経営の最大のポイン

トではないかと思います。

4　1人当たりの利益アップが経営の基本事項

規模、立地などの見栄は捨てよう

新規に名刺交換すると、「あなたの事務所は従業員何人ですか」と聞いてくる方が結構おられます。その度に、従業員の多寡で事務所のレベルが判断されているようで、いやな思いをさせられます。

私は、士業に限らず、従業員が何人いようがいまいが、そんなことは関係ないと思っています。たとえ１人で商売をやられていても、立派に生活をされているのであれば、皆同じです。

仮に、従業員３００人の社長の役員報酬が3，０００万円で、従業員ゼロの大工さんが報酬4，０００万円であれば、商売で見れば、ある意味大工さんのほうが上なのです。

１人当たりの利益が大事

このように、社長や従業員の1人当たりの利益が最終的にどうであるかが、経営において一番大事な視点ではないかと思います。

前章でも触れましたが、ランチェスター経営の竹田先生が、業界1位の会社は第2位の会社から見ると、１人当たりの利益がほとんどの業界で倍近くあるとされていますが、上場会社のデータを分析するとそのとおりだと納得させられます。

したがって、業界で1位の商品・サービスを持つことが、必然的に会社の利益も一番に連動していくのだと思います。

5 定年など考えず、生涯現役を貫くのが最高の終身年金

年金だけの生活はきつい

この項では、生涯現役で働くことが、最高の年金であるということについて考えてみます。

図表23は、年金の受給開始年齢です。男性であれば昭和36年4月2日以後生まれの方（女性は5年遅れ）は、65歳からの支給になってきます。

仕事柄、年金の相談を受けることがままありますが、年金月額が約20万円以上は、大半が大企業か役所に長く勤務していた方です。中小零細企業のサラリーマンは、約15万円前後がほとんどのような気がします。奥様の大半が約6万円程度ですから、ご夫婦で合計約20万円前後の受給というところです。

この金額から見れば、中小零細企業の退職者は、年金だけで食べていくのは大変厳しい時代になってきたと思います。

そこで、子供さんとの同居や老人ホーム入所などの様々な選択肢もありますが、現在の日本は空

【図表 23　厚生年金の受給開始年齢】

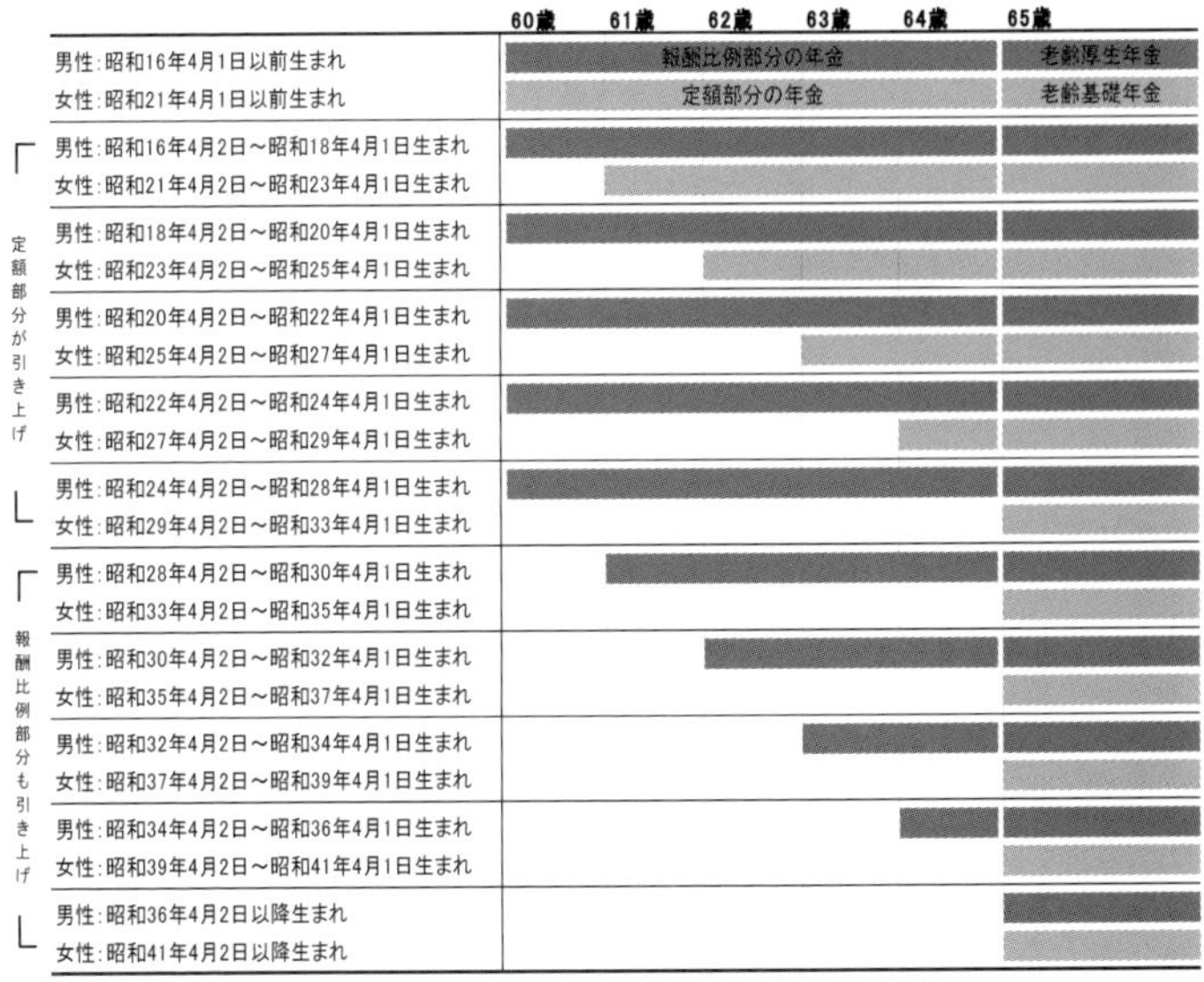

※　共済年金の受給開始年齢は男性と女性の区別なく、上記の厚生年金の男性と同様に引上げられます。

出所：日本年金機構データより加工

前の人手不足の時代でもあり、すでに本人が希望すれば会社は65歳までは雇用しなければならない社会になってきていますから、今後は70歳、75歳までの労働ということも十分考えてみるべきではないでしょうか。

高齢者の自営がＯＫの環境

本書のテーマの1つである雇用ゼロやフリーランスなどの新しい考え方は、人手不足・求人難と重なって高齢者が十分自営などで活躍できる環境になってきたのではないかと思います。

年金というベースがあり、人生経験が豊富な方が、ある意味活躍できる時代になってきたのではないでしょうか。

したがって、今後は、年金は生活費の一部分という位置づけで、開業して得られた報酬が月額20万円であれば、その20万円を年金だと思って働けば、年金額が少ないとかどうのこうのという問題意識はなくなってきて、これからいかに年金額に報酬をプラスして、30万円にアップしていくかというプラス発想の考え方になっていくはずです。そして、それが実際にできる社会になってきたと思っています。

社会教育家として有名な田中真澄先生は、昭和54年に講演家として独立されましたが、当時から「人生100年時代」の到来を説かれていて、当時はあまり共感を得られなかったと著書「100歳まで働く時代がやってきた」（ぱるす出版）に掲載されています。

当時は、100歳以上が全国で937人でしたが、2014年には5万8820人と約63倍になっており、2022年9月段階では9万526人だそうです。

今では、「人生100年時代」は日常的に使われるようになってきました。

田中先生は一貫して「最高の年金は生涯働くことだ」と話されており、私もそのとおりだと思います。

また、ロシアの作家ゴーリキーは、著書の中で「仕事が楽しみならば人生は極楽だ。仕事が苦痛ならば人生は地獄だ」と述べていますが、まさにそのとおりではないでしょうか。

このような側面からみてば、フリーランス（個人事業主）は定年がありませんし、定年後の開業であっても十分活躍できる時代になってきたのではないかと思います。

巻末付録

Ⅰ　労働基準法

第1章　総則

（労働条件の原則）

第1条　①労働条件は、労働者が人たるに値する生活を営むための必要を充たすべきものでなければならない。

②この法律で定める労働条件の基準は最低のものであるから、労働関係の当事者は、この基準を理由として労働条件を低下させてはならないことはもとより、その向上を図るように努めなければならない。

（労働条件の決定）

第2条　①労働条件は、労働者と使用者が、対等の立場において決定すべきものである。

※社長さん、契約は、民法でいうところの契約自由の原則で、お互いが合意すれば契約は基本的に

成立することになります。書面の明示が必要なのは、民法の特別法である労働基準法第15条で労働条件の明示の定めがあるからです。

②労働者及び使用者は、労働協約、就業規則及び労働契約を遵守し、誠実に各々その義務を履行しなければならない。

※ここに各々誠実に順守する義務を定めています。したがって、契約内容の仕事ができなければ、債務不履行で契約解除、いわゆる解雇もできるということです。

（均等待遇）

第3条　使用者は、労働者の国籍、信条又は社会的身分を理由として、賃金、労働時間その他の労働条件について、差別的取扱いをしてはならない。

（男女同一賃金の原則）

第4条　使用者は、労働者が女性であることを理由として、賃金について、男性と差別的取扱いをしてはならない。

※社長さん、入社時に女性だからこの人は15万円とか決めるのではなく、この仕事をしてもらうから15万円でどうですかといった説明が、リスク対策になります。

（強制労働の禁止）
第5条　使用者は、暴力、脅迫、監禁その他精神又は身体の自由を不当に拘束する手段によって、労働者の意思に反して労働を強制してはならない。
（中間搾取の排除）
第6条　何人も、法律に基づいて許される場合の外、業として他人の就業に介入して利益を得てはならない。
（公民権行使の保障）
第7条　使用者は、労働者が労働時間中に、選挙権その他公民としての権利を行使し、又は公の職務を執行するために必要な時間を請求した場合においては、拒んではならない。但し、権利の行使又は公の職務の執行に妨げがない限り、請求された時刻を変更することができる。
（定義）
第9条　この法律で「労働者」とは、職業の種類を問わず、事業又は事務所（以下「事業」という）に使用される者で、賃金を支払われる者をいう。
第10条　この法律で使用者とは、事業主又は事業の経営担当者その他その事業の労働者に関する事項について、事業主のために行為をするすべての者をいう。

第11条　この法律で賃金とは、賃金、給料、手当、賞与その他名称の如何を問わず、労働の対象として使用者が労働者に支払うすべてのものをいう。

第12条　この法律で平均賃金とは、これを算定すべき事由の発生した日以前3箇月間にその労働者に対して支払われた賃金の総額を、その期間の総日数で除した金額をいう。ただし、その金額は、次の各号の一によって計算した金額を下ってはならない。

一　賃金が、労働した日若しくは時間によって算定され、又は出来高払制その他の請負制によって定められた場合においては、賃金の総額をその期間中に労働した日数で除した金額の100分の60

二　賃金の一部が、月、週その他一定の期間によって定められた場合においては、その部分の総額をその期間の総日数で除した金額と前号の金額の合算額

第2章　労働契約

(この法律違反の契約)

第13条　この法律で定める基準に達しない労働条件を定める労働契約は、その部分については無効とする。この場合において、無効となった部分は、この法律で定める基準による。

※社長さん、県ごとに定められた最低賃金があります。例えば石川県は、時給８０６円と定められていますので、この人は時給７５０円でいいと言っているからと７５０円で契約・雇用すれば、労働基準法違反で処罰されます。また、労働基準法を下回る契約をした部分は、労働基準法で定める基準になってしまいます。

（契約期間等）
第14条　労働契約は、期間の定めのないものを除き、一定の事業の完了に必要な期間を定めるものの他は、３年（次の各号のいずれかに該当する労働契約にあっては、５年）を超える期間について締結してはならない。
一　専門的な知識、技術又は経験（以下この号において「専門的知識等」という）であって高度のものとして厚生労働大臣が定める基準に該当する専門的知識等を有する労働者（当該高度の専門的知識等を必要とする業務に就く者に限る）との間に締結される労働契約
二　満60歳以上の労働者との間に締結される労働契約（前号に掲げる労働契約を除く）

※社長さん、従業員を採用するときに悩むのが、雇用期間をどうするかです。いわゆる正社員と世間でいうのは、雇用期間に定めがなく、基本的に定年まで雇いますといった場合です。一方、期間の定めがある契約社員とか、パートとかいったケースは、原則雇用期間３年を超える契約をす

ることができないということです。どういうことかといえば、「あなたは4年の雇用契約をします」といったことは、例外の職種を除きできないということです。６か月間とか1年間の契約で更新して3年を超えることは問題ありませんが、最初から有期契約で4年とか5年契約はできないということです。

（労働条件の明示）

第15条　①使用者は、労働契約の締結に際し、労働者に対して賃金、労働時間その他の労働条件を明示しなければならない。この場合において、賃金及び労働時間に関する事項その他の厚生労働省令で定める事項については、厚生労働省令で定める方法により明示しなければならない。

②前項の規定によって明示された労働条件が事実と相違する場合においては、労働者は、即時に労働契約を解除することができる。

③前項の場合、就業のために住居を変更した労働者が、契約解除の日から14日以内に帰郷する場合においては、使用者は、必要な旅費を負担しなければならない。

※第2条でも説明しましたが、このように、労働条件の明示が義務づけられています。したがって、採用時には面倒がらずに、後々のトラブル防止の視点に立って、契約書か労働条件通知書を作成されることをおすすめします。

（賠償予定の禁止）
第16条　使用者は、労働契約の不履行について違約金を定め、又は損害賠償額を予定する契約をしてはならない。

（前借金相殺の禁止）
第17条　使用者は、前借金その他労働することを条件とする前貸の債権と賃金を相殺してはならない。

（強制貯金）
第18条　①使用者は、労働契約に付随して貯蓄の契約をさせ、又は貯蓄金を管理する契約をしてはならない。
②使用者は、労働者の貯蓄金をその委託を受けて管理しようとする場合においては、当該事業場に、労働者の過半数で組織する労働組合があるときはその労働組合、労働者の過半数で組織する労働組合がないときは労働者の過半数を代表する者との書面による協定をし、これを行政官庁に届け出なければならない。
③使用者は、労働者の貯蓄金をその委託を受けて管理する場合においては、貯蓄金の管理に関する規程を定め、これを労働者に周知させるため作業場に備え付ける等の措置をとらな

ければならない。

（解雇制限）

第19条　①使用者は、労働者が業務上負傷し、又は疾病にかかり療養のために休業する期間及びその後30日間並びに産前産後の女性が第65条の規定によって休業する期間及びその後30日間は、解雇してはならない。ただし、使用者が、第81条の規定によって打切補償を支払う場合又は天災事変その他やむを得ない事由のために事業の継続が不可能となった場合においては、この限りではない。

②　前項但書後段の場合においては、その事由について行政官庁の認定を受けなければならない。

※社長さん、意外と知らないと思いますが、「産前産後の期間中は働けないから、あなたには辞めてもらいます」というような取扱いはできないということです。もし、合意しなくて、「それは労働基準法違反ではないですか」と言われたら、そのとおり労基法違反ということになります。

（解雇の予告）

第20条　①使用者は、労働者を解雇しようとする場合においては、少くとも30日前にその予告をしなければならない。30日前に予告をしない使用者は、30日分以上の平均賃金を支払わなければばならない。ただし、天災事変その他やむを得ない事由のために事業の継続が不可能となった場合又は労働者の責めに帰すべき事由に基づいて解雇する場合においては、この限りでない。

②前項の予告の日数は、1日について平均賃金を支払った場合においては、その日数を短縮することができる。

※社長さん、やむなく解雇する場合には、1か月前に本人に通知しておくか、通知しないときは、1か月分の手当てを支払えということです。従業員からすれば、突然、明日からくるなと言われれば生活に困ってしまいます。ですから、解雇する従業員が、とくに会社に害を及ぼさない人であれば、1か月前に予告して辞めてもらうようにします。なお、この期間中本人が働かなければ、賃金については支払いの必要はありません。

第21条〔解雇予告の例外〕前条の規定は、左の各号の一に該当する労働者については適用しない。

一　日日雇い入れられる者

二　2箇月以内の期間を定めて使用される者

三　季節的業務に4箇月以内の期間を定めて使用される者

四　試の試用期間中の者

（退職時等の証明）

第22条　労働者が、退職の場合において、使用期間、業務の種類、その事業における地位、賃金又は退職の事由（退職の事由が解雇の場合にあっては、その理由を含む）について証明書を請求した場合においては、使用者は、遅滞なくこれを交付しなければならない。
※退職する人から退職証明書を請求されたら、証明書を作成・発行する必要があります。解雇時などは、解雇理由によっては、裁判にまで発展する可能性もあるので、慎重な判断が必要かと思います。

（金品の返還）
第23条　①使用者は、労働者の死亡又は退職の場合において、権利者の請求があった場合においては、7日以内に賃金を支払い、積立金、保証金、貯蓄金その他名称の如何を問わず、労働者の権利に属する金品を返還しなければならない。
②前項の賃金又は金品に関して争がある場合においては、使用者は、異議のない部分を、同項の期間中に支払い、又は返還しなければならない。
※退職される方から、仮に「10日で退社するから、給料を7日以内に支払ってほしい」と言われれば、給与支払日が末日であったとしても17日までに支払う必要が出てきます。たまにありますので、記憶しておいてください。

（賃金の支払い）
第24条　①賃金は、通貨で、直接労働者に、その全額を支払わなければならない。ただし、法令若しくは労働協約に別段の定めがある場合又は厚生労働省令で定める賃金について確実な支払いの方法で厚生労働省令で定めるものによる場合においては、通貨以外のもので支払い、また、法令に別段の定めがある場合又は当該事業場の労働者の過半数で組織する労働組合があるときはその労働組合、労働者の過半数で組織する労働組合がないときは労働者の過半数を代表する者との書面による協定がある場合においては、賃金の一部を控除して支払うことができる。
②賃金は、毎月1回以上、一定の期日を定めて支払わなければならない。ただし、臨時に支払われる賃金、賞与その他これに準ずるもので厚生労働省令で定める賃金（第89条において「臨時の賃金等」という）については、この限りでない。

（非常時払い）
第25条　使用者は、労働者が出産、疾病、災害その他厚生労働省令で定める非常の場合の費用に充てるために請求する場合においては、支払期日前であっても、既往の労働に対する賃金を支払わなければならない。

（休業手当）
第26条　使用者の責に帰すべき事由による休業の場合においては、使用者は、休業期間中当該労働者に、その平均賃金の１００分の60以上の手当を支払わなければならない。
※リーマンショック以降、テレビ等で工場を休業させて国の補助金をもらっているといった報道がありました。これは労基法で会社の都合により従業員を休業させるときは会社は休業補償として平均賃金の６割以上を支給しなければなりません。１日の給料の平均が１万円の方であれば、会社都合で休業させるとその日の賃金として6，０００円以上の補償ということになります。この場合、申請条件に該当すれば、その休業手当の一部が助成金として受けられる制度もあります。

（出来高払制の保障給）
第27条　出来高払制その他の請負制で使用する労働者については、使用者は、労働時間に応じ一定額の賃金の保障をしなければならない。
※「うちは営業会社で、フルコミッションでやっており、実績がなければ給料はなし」といった会社がたまにあります。しかし、法律は、労働者として時間を拘束して働かせるときは、時間当たりの最低賃金を、営業成績がゼロでも支払う必要があると定めています。仮に午前9時から午後5時までお昼1時間の休憩で働かせた場合は、7時間労働になります。石川県でいえば、２０１８年10月30日時点の時給の最低賃金は８０６円ですから、7時間で5，６４２円以上の賃

金の支払いが必要になります。営業実績で2，000円の入金があっても、差額3，642円は支払う必要があります。

（最低賃金）
第28条　賃金の最低基準に関しては、最低賃金法の定めるところによる。

第4章　労働時間、休憩、休日及び年次有給休暇（労働時間）
第32条　①使用者は、労働者に、休憩時間を除き1週間について40時間を超えて、労働させてはならない。
②使用者は、1週間の各日については、労働者に、休憩時間を除き1日について8時間を超えて、労働させてはならない。
※労働基準法は、1日8時間を超えて労働させてはならないと定めています。もし、8時間を超えて働かさせる場合は、第36条の定めに従って対応します。

（災害等による臨時の必要がある場合の時間外労働等）
第33条　災害その他避けることのできない事由によって、臨時の必要がある場合においては、使用者は、行政官庁の許可を受けて、その必要の限度において第32条から前条まで若しくは第40条まで労働時間を延長し、又は第35条の休日に労働させることができる。ただし、事態急迫のために行政官庁の許可を受ける暇がない場合においては、事後に遅滞なく届け出なければならない。

（休憩）

第34条　①使用者は、労働時間が6時間を超える場合においては少くとも45分、8時間を超える場合においては少くとも1時間の休憩時間を与えなければならない。

②前項の休憩時間は、一斉に与えなければならない。ただし、当該事業場に、労働者の過半数で組織する労働組合がある場合においてはその労働組合、労働者の過半数で組織する労働組合がない場合においては労働者の過半数を代表する者との書面による協定があるときは、この限りでない。

③使用者は、第1項の休憩時間を自由に利用させなければならない。

※この条文のように、6時間であれば休憩時間なしでもOKです。また、1日8時間労働であれば、お昼1時間休憩時間を与えなくても、45分でOKです。また、たまにあるケースとして、時給の方に休憩時間も含めて支払っている会社がありますが、労働時間は休憩時間を除いて計算しますので、ご注意を…。

（休日）

第35条　①使用者は、労働者に対して、毎週少くとも1回の休日を与えなければならない。

②前項の規定は、4週間を通じ4日以上の休日を与える使用者については適用しない。

※労働基準法では、毎週1回の休日と定めています。したがって、土曜の休日とかの部分は会社の任意の休日になります。ちなみに、この毎週1回の休日を法定休日と呼びます。

（時間外及び休日の労働）

第36条　使用者は、当該事業場に、労働者の過半数で組織する労働組合がある場合においてはその労働組合、労働者の過半数で組織する労働組合がない場合においては労働者の過半数を代表する者との書面による協定をし、これを行政官庁に届け出た場合においては、第32条から第32条の5若しくは第40条の労働時間に関する規定にかかわらず、その協定で定めるところによって労働時間を延長し、又は休日に労働させることができる。

※第32条の規定で、8時間を超えて労働させられないとの定めがありますが、これを超えて労働させる場合の例外規定がこの条文です。俗にいわれる三六協定です。時間外に労働させる場合は、会社の規模に関係なく、労働者代表との労使協定に基づいて、8時間を超えて労働させることができるというものです。しかも、この時間外労働に関する労使協定は、何と毎年労働基準監督署に届け出なければなりません。

ところで、今回の働き方改革で大きく改正された法律の1つがこの36条です。本文ですでに解説していますが、労使協定における上限が今回の法律で明確に定められたのです。これも、届出なく、時間外労働をさせれば、労働基準法違反になってしまいます。罰則もあります。これは、労働者が1名であっても、8時間を超えて労働させる場合は必ず届出が必要になってきます。実務の上では、届け出ていない会社は多いのですが、要注意です。

（時間外、休日及び深夜の割増賃金）
第37条　使用者が、第33条又は前条第1項の規定により労働時間を延長し、又は休日に労働させた場合においては、その時間又はその日の労働については、通常の労働時間又は労働日の賃金の計算額の2割5分以上5割以下の範囲内でそれぞれ政令で定める率以上の率で計算した割増賃金を支払わなければならない。

※休日や深夜午後10時から午前5時までに労働させると、また割増賃金の対象になります。仮にその日の残業が8時間を超えて午後10時を過ぎた場合は、2割5分増に深夜分の2割5分をオンした5割増しの時給単価の残業代を支給しないといけなくなります。
今回の働き方改革では、２０２３年からは中小企業も残業時間が60時間を超えると、さらに2割5分増しの5割の割増の賃金となり、その労働が深夜におよべばさらに2割5分増しの7割5分増しになります。
この辺を安易に処理していると、退社して数か月後に未払残業代を請求してくることは十分予想されますので、給与計算はしっかり法律に基づき計算しておくべきでしょう。

また、この残業代の時効は、これまで2年でしたが5年になる予定です。ところで、残業代は2割5分増しの賃金を支払うわけですから、それに見合った仕事をしてもらわないと採算が合いません。したがって、残業をさせる場合は、勝手にさせないで、社長の指示がなければできないような、許可制のもとでさせることをおすすめします。

（年次有給休暇）
第39条　使用者は、その雇入れの日から起算して6箇月間継続勤務し全労働日の8割以上出勤した労働者に対して、継続し、又は分割した10労働日の有給休暇を与えなければならない。

※年次有給休暇については、中小零細企業の社長さんには大変頭の痛い話でしょう。とくに、雇った日から6か月間で8割以上出勤していれば10日間の有給休暇の付与というのは、厳しいものがあると思います。しかし、請求主義なので、請求がなければ与えなくても別に問題はありません。ただし、今回の働き方改革で、本文でも解説しましたが、事業主からの5日間の付与が義務化されました。これは２０１９年4月からのスタートですから、注意が必要です。

第6章　年少者

（最低年齢）

第56条　使用者は、児童が満15歳に達した日以後の最初の3月31日が終了するまで、これを使用してはならない。
※満15歳まで、いわゆる中学生までは、雇用できないという定めです。

（深夜業）
第61条　使用者は、満18歳に満たない者を午後10時から午前5時までの間において使用してはならない。ただし、交替制によって使用する満16歳以上の男性については、この限りではない。
※深夜業の規制です。18歳未満は、原則午後10時から午前5時までは労働禁止です。

第6章の2　妊産婦等

（産前産後）
第65条　使用者は、6週間（多胎妊娠の場合にあっては、14週間）以内に出産する予定の女性が休業を請求した場合においては、その者を就業させてはならない。
※産前産後の方から休業の請求があれば、労働させることはできなくなります。ただし、産休中の給与については、支給の義務はありません。

（育児時間）
第67条　生後満一年に達しない生児を育てる女性は、第34条の休憩時間のほか、1日2回各々少なくとも30分、その生児を育てるための時間を請求することができる。
※育児時間の請求については、請求があれば与えなければなりませんが。実務上はほとんどこのような請求はないようです。

（生理日の就業が著しく困難な女性に対する措置）
第68条　使用者は、生理日の就業が著しく困難な女性が休暇を請求したときは、その者を生理日に就業させてはならない。
※生理日の休暇の請求は、男性には理解しがたいところがありますが、これも法律の定めがある以上与えなければなりません。

（休業補償）
第76条　労働者が第75条の規定による療養のため、労働することができないために賃金を受けない場合においては、使用者は、労働者の療養中平均賃金の１００分の60の休業補償を行わなければならない。
※業務上の事故がにより従業員が入院して働けない間、給料の6割を補償して支払わなければなら

なくなります。労災保険に加入していれば、国の労災保険で補償できますが、仮に未加入だと大変な会社負担になります。この機会に、その他保険の加入も検討しておくべきでしょう。

第9章　就業規則

（作成及び届出の義務）
第89条　常時10人以上の労働者を使用する使用者は、次に掲げる事項について就業規則を作成し、行政官庁に届け出なければならない。次に掲げる事項を変更した場合においても、同様とする。

※従業員10人未満の会社は、労働基準監督署への就業規則の届出の義務はありません。なお、この10人以上というのは、アルバイト等も含みますので、正社員は3名、パート7名という場合は対象事業所になってきます。ただし、働き方改革の流れでは、10人未満ということで就業規則も作成していない会社であれば、益々人は入社してこなくなってくると思います。

（労働者名簿）
第107条　使用者は、各事業場ごとに労働者名簿を、各労働者（日日雇い入れられる者を除く）について調製し、労働者の氏名、生年月日、履歴その他厚生労働省令で定める事項を記入しなければならない。

※労働者名簿は、従業員数等人数に関係がありませんので、1人でも作成しなければいけません。

(賃金台帳)

第108条　使用者は、各事業場ごとに賃金台帳を調製し、賃金計算の基礎となる事項及び賃金の額その他厚生労働省令で定める事項を賃金支払の都度遅滞なく記入しなければならない。

※賃金台帳も作成・保存の義務があり、毎月の給与計算結果を記録しておかなければなりません。

(記録の保存)

第109条　使用者は、労働者名簿、賃金台帳及び雇入、解雇、災害補償、賃金その他労働関係に関する重要な書類を3年間保存しなければならない。

※労働基準法関係の保存期間は3年が多いようです。なお、タイムカードについても、3年経過すれば廃棄処分しても問題ありません。

Ⅱ　労働契約法 (平成20年3月1日施行)

第1章　総則

（目的）

第1条　この法律は、労働者及び使用者の自主的な交渉の下で、労働契約が合意により成立し、又は変更されるという合意の原則その他労働契約に関する基本的事項を定めることにより、合理的な労働条件の決定又は変更が円滑に行われるようにすることを通じて、労働者の保護を図りつつ、個別の労働関係の安定に資することを目的とする。

（定義）

第2条　1、この法律において「労働者」とは、使用者に使用されて労働し、賃金を支払われる者をいう。

2、この法律において「使用者」とは、その使用する労働者に対して賃金を支払う者をいう。

（労働契約の原則）

第3条　1、労働契約は、労働者及び使用者が対等の立場における合意に基づいて締結し、又は変更すべきものとする。

2、労働契約は、労働者及び使用者が、就業の実態に応じて、均衡を考慮しつつ締結し、又は変更すべきものとする。

3、労働契約は、労働者及び使用者が仕事と生活の調和にも配慮しつつ締結し、又は変更すべきものとする。
4、労働者及び使用者は、労働契約を遵守するとともに、信義に従い誠実に、権利を行使し、及び義務を履行しなければならない。
5、労働者及び使用者は、労働契約に基づく権利の行使に当たっては、それを濫用することがあってはならない。

（労働契約の内容の理解の促進）
第4条　1、使用者は、労働者に提示する労働条件及び労働契約の内容について、労働者の理解を深めるようにするものとする。
2、労働者及び使用者は、労働契約の内容（期間の定めのある労働契約に関する事項を含む。）について、できる限り書面により確認するものとする。

（労働者の安全への配慮）
第5条　使用者は、労働契約に伴い、労働者がその生命、身体等の安全を確保しつつ労働することができるよう、必要な配慮をするものとする。
※工場の製造過程や建設の現場での仕事などにおいて、また業種を問わず勤務させる場合は、事業主の従業員への安全の配慮が義務化されていますので、日頃からの安全に仕事ができるように、

教育指導する必要があります。

第2章　労働契約の成立及び変更

（労働契約の成立）
第6条　労働契約は、労働者が使用者に使用されて労働し、使用者がこれに対して賃金を支払うことについて、労働者及び使用者が合意することによって成立する。
第7条　労働者及び使用者が労働契約を締結する場合において、使用者が合理的な労働条件が定められている就業規則を労働者に周知させていた場合には、労働契約の内容は、その就業規則で定める労働条件によるものとする。ただし、労働契約において、労働者及び使用者が就業規則と異なる労働条件を合意していた部分については、第十二条に該当する場合を除き、この限りでない。

（労働契約の内容の変更）
第8条　労働者及び使用者は、その合意により、労働契約の内容である労働条件を変更することができる。

（就業規則による労働契約の内容の変更）
第9条　使用者は、労働者と合意することなく、就業規則を変更することにより、労働者の不利益に労働契約の内容である労働条件を変更することはできない。ただし、次条の場合は、この限りでない。
第10条　使用者が就業規則の変更により労働条件を変更する場合において、変更後の就業規則を労働者に周知させ、かつ、就業規則の変更が、労働者の受ける不利益の程度、労働条件の変更の必要性、変更後の就業規則の内容の相当性、労働組合等との交渉の状況その他の就業規則の変更に係る事情に照らして合理的なものであるときは、労働契約の内容である労働条件は、当該変更後の就業規則に定めるところによるものとする。ただし、労働契約において、労働者及び使用者が就業規則の変更によっては変更されない労働条件として合意していた部分については、第十二条に該当する場合を除き、この限りではない。
※この条文は、就業規則の不利益変更を合意することなく変更できないと定めています。これにより、新規作成は社長さんの裁量で自由にある程度決めることができますが、いったん制度化されたものを変更するとなると、勝手にはできません。

（就業規則の変更に係る手続き）
第11条　就業規則の変更の手続きに関しては、労働基準法第89条及び第90条の定めるところによる。

（就業規則違反の労働契約）
第12条　就業規則で定める基準に達しない労働条件を定める労働契約は、その部分については、無効とする。この場合において、無効となった部分は、就業規則で定める基準による。

（法令及び労働協約と就業規則との関係）
第13条　就業規則が法令又は労働協約に反する場合には、当該反する部分については、第7条、第10条及び前条の規程は、当該法令又は労働協約の適用を受ける労働者との間の労働契約については、適用しない。

第3章　労働契約の継続及び終了

（出向）
第14条　使用者が労働者に出向を命ずることができる場合において、当該出向の命令が、その必要性、対象労働者の選定に係る事情その他の事情に照らして、その権利を濫用したものと認められる場合には、当該命令は、無効とする。

（懲戒）
第15条　使用者が労働者を懲戒することができる場合において、当該懲戒が、当該懲戒に係る労働者の行為の性質及び態様その他の事情に照らして、客観的に合理的な理由を欠き、社会通念上相当であると認められない場合は、その権利を濫用したものとして、当該懲戒は、無効とする。

（解雇）
第16条　解雇は、客観的に合理的な理由を欠き、社会通念上相当であると認められない場合は、その権利を濫用したものとして、無効とする。

※解雇する際に争いがあった場合のベースになる条文です。要するに、勝手に解雇すると、この条文に定めるように解雇権の濫用ということを楯に、解雇は無効であるといった論点で主張してくると予想されます。この条文が訴訟の肝になってきます。

第4章　期間の定めのある労働契約

（契約期間中の解雇等）
第17条　1、使用者は、期間の定めのある労働契約について、やむを得ない事由がある場合でなければ、その契約期間が満了するまでの間において、労働者を解雇することができない。
2、使用者は、期間の定めのある労働契約について、その労働契約により労働者を使用する目的に照らして、必要以上に短い期間を定めることにより、その労働契約を反復して更新することのないよう配慮しなければならない。

※ここは、重要です。従業員を採用する場合は、正社員にするかパートにするか考えますが、その違いは何かなどといったことは、労働基準法では明確に定められていません。一般的には正社員は定年まで働いてもらう職種ということで、雇用期間は期間の定めなしといった契約内容です。一方でパートの場合は、1年とか6か月とか、雇用期間を決めて、どういうときに更新するのか、更新しないのかといった内容を定めて契約する職種になるかと思います。

また、期間の定めがあるときは、契約期間満了まで安易に解雇できないということです。そして、基本的には、正社員は社会保険・雇用保険に加入し、週20時間以上31日以上の雇用の見込みがある方はパートでも雇用保険の雇用保険に加入するといった契約内容になってきます。

こういった内容を雇用契約書でしっかり定めておくことが、後々の労務トラブルの予防にもなりますので、しっかりやられることをおすすめします。

（有期労働契約の期間の定めのない労働契約への転換）

第18条　同一の使用者との間で締結された二以上の有期労働契約（契約期間の始期の到来前のものを除く。以下この条において同じ）の契約期間を通算した期間（次項において「通算契約期間」という）が5年を超える労働者が、当該使用者に対し、現に締結している有期労働契約の契約期間が満了する日までの間に、当該満了する日の翌日から労務が提供される期間の定めのない労働契約の締結の申込みをしたときは、使用者は当該申込みを承諾したものとみなす。この場合において、当該申込みに係る期間の定めのない労働契約の内容である労働条件は、現に締結している有期労働契約の内容である労働条件（契約期間を除く）と同一の労働条件（当該労働条件（契約期間を除く）について別段の定めがある部分を除く）とする。

2　当該使用者との間で締結された一の有期労働契約の契約期間が満了した日と当該使用者との間で締結されたその次の有期労働契約の契約期間の初日との間にこれらの契約期間のいずれにも含まれない期間（これらの契約期間が連続すると認められるものとして厚生労働省令で定める基準に該当する場合の当該いずれにも含まれない期間を除く。以下この項において「空白期間」という）があり、当該空白期間が6月（当該空白期間の直前に満了した一の有期労働契約の契約期間（当該一の有期労働契約を含む二以上の有期労働契約の契約期間の間に空白期間がないときは、当該二以上の有期労働契約の契約期間を通算した期間。以下この項において同じ）が1年に満たない場合にあっては、当該一の有期労働契約の契約期間に2分の1を乗じて得た期間を基礎として厚生労働省令で定める期間）以上であるときは、当該空白期間前に満了した有期労働契約の契約期間は、通算契約期間に算入しない。

※この条文は、平成25年4月1日以後の日を契約期間の初日とする有期契約労働者にに適用されるもので、簡単に言えば同一の使用者との間で締結された2以上の有期契約労働期間が5年を超える場合、労働者が使用者に対して当該有期契約労働契約満了日までに無期労働契約の締結の申込

みをすれば、使用者はその申込みを承諾したものとみなすという内容です。

例えば、パートさんなど1年更新で契約していても、5年経過したら1年更新でなく期間の定めのない契約にしてもらう権利が出てくるというものです。この期間の定めのない契約への転換は、必ずしも正社員に転換しなければならないというものではなく、ポイントは契約期間が有期契約から無期契約になるということです。

今は人手不足ですので、従業員の定着のためには逆にパートの方から無期転換への希望を募りたいという会社も多くなってきているのではないかと思います。

（有期労働契約の更新等）

第19条　有期労働契約であって、次の各号のいずれかに該当するものの契約期間が満了する日までの間に労働者が当該有期労働契約の更新の申込みをした場合又は当該契約期間の満了後遅滞なく有期労働契約の締結の申込みをした場合であって、使用者が当該申込みを拒絶することが、客観的に合理的な理由を欠き、社会通念上相当であると認められないときは、使用者は、従前の有期労働契約の内容である労働条件と同一の労働条件で当該申込みを承諾したものとみなす。

一　当該有期労働契約が過去に反復して更新されたことがあるものであって、その契約期間の満了時に当該有期労働契約を更新しないことにより当該有期労働契約を終了させることが、期間の定めのない労働契約を締結している労働者に解雇の意思表示をすることにより当該期間の定めのない労働契約を終了させることと社会通念上同視できると認められること。

二　当該労働者において当該有期労働契約の契約期間の満了時に当該有期労働契約が更新されるものと期待することについて合理的な理由があるものであると認められること。

※この有期労働契約の更新等については、労働問題でよく問題になるテーマです。簡単に言えば、1年ごとの更新契約であれば、合理的な理由がなければ雇止めはできないということです。裁判になればほとんどが労働者側が勝利する確率が高い案件かと思われます。ただし、最近は人手不足でこのような争いが急激に減少してきているようです。

（期間の定めがあることによる不合理な労働条件の禁止）

第20条　有期労働契約を締結している労働者の労働契約の内容である労働条件が、期間の定めがあることにより同一の使用者と期間の定めのない労働契約を締結している労働者の労働契約の内容である労働条件と相違する場合においては、当該労働条件の相違は、労働者の業務の内容及び当該業務に伴う責任の程度（以下この条において「職務の内容」という）、当該職務の内容及び配置の変更の範囲その他の事情を考慮して、不合理と認められるものであってはならない。

※この条文は、中小企業では、２０２１年4月から施行される同一労働・同一賃金の改正となるベースの法律で、改正と同時にこの条文はなくなり、短時間労働者及び有期雇用労働者の雇用管理の改善等に関する法律に移行することになっています。

それは、有期労働者と無期労働者との間で労働条件に相違があり得ることを前提に、職務内容・当該職務の内容及び配置の変更の範囲・その他の事情を考慮して、その相違が不合理であってはならないものとするというものであり、職務の内容等の違いに応じた均等のとれた処遇を求めるという内容です。わかりやすく言えば、手当等に明確な基準がなければ支給に差を設けてはいけないということです。

第5章　雑則

（労働基準法の主な罰則規定）

第5条（強制労働の禁止）

「上記の規定に違反した者は、1年以上10年以下の懲役又は20万円以上３００万円以下の罰金に処する。」

第32条（労働時間）、第34条（休憩）、第35条（休日）、第36条第6項（時間外及び休日の労働の上限）、第37条（休日及び深夜の割増賃金）、第39条（年次有給休暇）（第7項を除く）

「上記の規定に違反した者は、6か月以下の懲役又は30万円以下の罰金に処する。」

第63条（年少者の坑内労働の禁止）

「上記の規定に違反した者は、1年以下の懲役又は50万円以下の罰金に処する。」

第15条第1項、第3項（労働条件の明示）、第24条（賃金の支払い）、第39条第7項（年次有給休暇の5日付与）、第89条（就業規則作成及び届出の義務）

「上記の規定に違反した者は、30万円以下の罰金に処する。」

おわりに

最後までお読みいただき、大変ありがとうございました。

「超人手不足時代がやってきた！　小さな会社の働き方改革・どうすればいいのか」について、いくらかイメージを持っていただけましたでしょうか。コロナ禍前に出版し、コロナ後の増刷ということで、働き方改革がいかに中小零細企業に影響を与えてきたか実感する次第であります。

実は私、本書で14冊目の著作になります。

12年前、初めて労働関係の本である「サッと作れる零細企業の就業規則」（経営書院）を出版させていただき、その後も中小零細企業向けの本を出版してきました。

今回は、石川県の新聞社などから働き方改革のセミナーなどの依頼を受け、また、そのセミナーなどを通して中小零細企業はどのようにこの働き方改革に対応すればいいのかわからない社長さんが大変多いことを実感しました。

大手企業向けの働き方改革の本は多数出版されていますが、10人前後の零細企業向けの本はほとんどまだ出版されていないという状況です。

２０１９年4月には、有給休暇の事業主からの5日間付与の義務化など、零細企業でもその対応は待ったなしの状況です。

このような中で、いくらかでも社長さん方にご参考にしていただければとの思いで２０１８年に出版させていただきました。

この働き方改革の流れは、中小零細企業にはやがて人手不足という形で経営に深刻な影響を与えることが確実に予測されます。そうなれば、フリーランス、雇用ゼロという新しいビジネスの考え方も必要になってくるのではないかと確信しています。

このような思いも、今回の出版の動機の1つとなりました。その結果、零細企業の社長さんの今後の経営に1つでもご参考になれば幸いです。

私が本を書く決心をしたのは、12年前の開業10年目で、何か自分に区切りをつけなければならないと思ったのがキッカケでした。

また、私が入塾している、名古屋の北見塾の北見昌朗先生やその他多くの塾生の方が、出版されていることに刺激を受けたのかもしれません。

加えて、開業時から尊敬しているランチェスター経営で有名な竹田陽一先生から、「自分は、字が大変へたくそで、文章など一番苦手であったが、人の3倍かけて書いた。そして、今ではベストセラーの本も出ている。仮に文章が苦手な方は、人の3倍かけて書けばいい」とのお話をお聞きし感動しました。

このようなことも通して、今回の増刷にいたりました。多くの先生方のご支援があったからこそだと深く感謝申し上げます。

また、出版に関しましては、インプループの小山社長には大変お世話になりありがとうございました。

今回のテーマである「超人手不足」は、今後、様々な形で日本の社会システムを大きく変えてしまう流れではないかと思います。

その流れは、1億総国民が、ある意味、老若男女を問わず、総活躍しなければ日本の国が成り立たなくなってしまうのではないかと思います。その点で、本書が新しい働き方・雇用のヒントの1つになれば幸いです。

本当に、最後までお読みいただき、大変ありがとうございました。

三村　正夫

【参考文献】

・「新版　小さな会社★儲けのルール　ランチェスター経営7つの成功戦略」竹田陽一、栢野克己著　フォレスト出版株式会社刊　２０１６年
・「日本でいちばん大切にしたい会社」坂本光司著　株式会社あさ出版刊　２００８年
・「働き方改革実現の労務管理」宮崎晃、西村裕一、鈴木啓太、本村安宏著　中央経済社刊　２０１８年
・「新・働き方改革　成果を約束する10のステップ提案」片木慎一著　セルバ出版刊　２０１８年
・「１００歳まで働く時代がやってきた」田中真澄著　ぱるす出版刊　２０１５年
・「社員ゼロ！　会社は「１人」で経営しなさい」山本憲明著　明日香出版社刊　２０１７年
・「必ず取れる就労ビザ！　外国人雇用用ガイド」小島健太郎著　セルバ出版刊　２０１６年

著者略歴

三村　正夫（みむら　まさお）

株式会社三村式経営労務研究所代表取締役。三村社会保険労務士事務所所長。

昭和 30 年福井市生まれ。芝浦工業大学卒業後、昭和 55 年日本生命保険相互会社に入社し、販売関係の仕事に 22 年間従事。その後、平成 13 年に早期定年退職し、100 歳まで生涯現役を誓い、金沢で社会保険労務士として独立開業。ランチェスター戦略社長塾を北陸で初めて開催し、賃金制度など独自の労務管理を展開している。モットーは、「社員は一個の天才、会社は天才の集まりだ」で、社長は社員の可能性を信じてほしいと訴える。同郷の五木ひろしの大ファン。今は、歴史の街・金沢をこよなく愛す。寿司と日本酒が何より。死ぬまで働く覚悟。信念は、「人生は、自分の思い描いたとおりになる」。

特定社会保険労務士、行政書士、ファイナンシャルプランナー (CFP) など 22 種の資格を取得。石川県社会保険労務士会年金研究会会員。

著書には、「サッと作れる零細企業の就業規則」「サッと作れる小規模企業の賃金制度」（いずれも、経営書院刊）、「誰でも天才になれる生き方・働き方」「マンション管理人 仕事とルールがよくわかる本」（いずれも、セルバ出版刊）などがある。


超人手不足時代がやってきた！

ー小さな会社の働き方改革・どうすればいいのか

2018 年 12 月 27 日 初版発行　2023 年 9 月 20 日 第 3 刷発行

著　者　三村　正夫　©Masao Mimura
発行人　森　　忠順
発行所　株式会社 セルバ出版
〒 113-0034
東京都文京区湯島 1 丁目 12 番 6 号 高関ビル 5 B
☎ 03（5812）1178　FAX 03（5812）1188
http://www.seluba.co.jp/
発　売　株式会社 創英社／三省堂書店
〒 101-0051
東京都千代田区神田神保町 1 丁目 1 番地
☎ 03（3291）2295　FAX 03（3292）7687

印刷・製本　株式会社 丸井工文社

Printed in JAPAN
ISBN978-4-86367-466-0